GOETHE-ZERTIFIKAT A2

Deutschprüfung für Jugendliche und Erwachsene

Prüfungsziele
Testbeschreibung

Doris Hennemann
Ekaterini Karamichali
Michaela Perlmann-Balme
Claudia Stelter

GOETHE INSTITUT

Hueber Verlag

IMPRESSUM

Gesamtkoordination
Michaela Perlmann-Balme, Goethe-Institut, Abteilung Sprache, Zentrale, München

Projektmitarbeiterinnen und Co-Autorinnen
Doris Hennemann, Ekaterini Karamichali, Michaela Perlmann-Balme, Claudia Stelter

Wissenschaftliche Begleitung
Olaf Bärenfänger, Universität Leipzig · Sylvia Demmig, Universität Leipzig
Rüdiger Grotjahn, Ruhr-Universität Bochum · Gabriele Kniffka, Institut für deutsche
Sprache und Literatur, Pädagogische Hochschule Freiburg · Jane Lloyd, Cambridge English
Language Examinations · José Pascoal, Centro de Avaliação de Português Língua
Estrangeira, Universität Lissabon

Beratung der Wortschatzliste Kapitel 6.5
Manuela Georgiakaki, Hueber Hellas · Corinna Kölblin · Spiros Koukidis, Praxis Verlag ·
Franziska Laschinger · Daniela Niebisch, Hueber Verlag · Enikö Rabl und Frau Stefanie
Plisch de Vega, Ernst Klett Sprachen

Redaktion: Beate Schnorfeil
Gestaltung: Felix Brandl Graphik-Design, München

Das Werk und seine Teile sind urheberrechtlich geschützt.
© 2015 Goethe-Institut

Das Werk und seine Teile sind urheberrechtlich geschützt.
Jede Verwertung in anderen als den gesetzlich zugelassenen Fällen bedarf deshalb
der vorherigen schriftlichen Einwilligung des Verlags.

Hinweis zu § 52a UrhG: Weder das Werk noch seine Teile dürfen ohne eine solche
Einwilligung überspielt, gespeichert und in ein Netzwerk eingespielt werden. Dies gilt
auch für Intranets von Firmen, Schulen und sonstigen Bildungseinrichtungen.

Eingetragene Warenzeichen oder Marken sind Eigentum des jeweiligen Zeichen- bzw.
Markeninhabers, auch dann, wenn diese nicht gekennzeichnet sind. Es ist jedoch zu
beachten, dass weder das Vorhandensein noch das Fehlen derartiger Kennzeichnungen
die Rechtslage hinsichtlich dieser gewerblichen Schutzrechte berührt.

| 3. 2. 1. | Die letzten Ziffern |
| 2019 18 17 16 15 | bezeichnen Zahl und Jahr des Druckes/Pressung. |

Alle Drucke dieser Auflage können, da unverändert, nebeneinander benutzt werden.
1. Auflage
© 2015 Hueber Verlag GmbH & Co. KG, München, Deutschland
Umschlaggestaltung: Sieveking · Agentur für Kommunikation, München und Berlin
Druck und Bindung: Firmengruppe APPL, aprinta druck GmbH, Wemding
Printed in Germany
ISBN 978-3-19-051868-5

Inhalt

	Grußwort	5
	Zu diesem Buch	7
1	Goethe-Zertifikat A2	8
1.1	Träger und Testentwickler	8
1.2	Beschreibung	9
1.3	Prüfungsergebnisse und Zeugnis	10
2	Entwicklung des Testformats	11
2.1	Referenzsystem	11
2.2	Qualitätsstandards	13
2.3	Arbeitsschritte	15
2.3.1	Qualitative Validierung	17
2.3.2	Quantitative Validierung	19
2.3.3	Erstellung von Testversionen	21
3	Zielgruppen	23
3.1	Jugendliche	23
3.2	Erwachsene	25
4	Konzeption der Prüfung	26
4.1	Sprachniveau A2	26
4.2	Kommunikative Kompetenz und Handlungsorientierung	27
4.3	Themen für Erwachsene und Jugendliche	28
4.4	Kommunikative Aktivitäten und Strategien	29
4.5	Prüfungen für Jugendliche und Erwachsene im Vergleich	31
4.5.1	Gemeinsamkeiten	31
4.5.2	Unterschiede	31
5	Erläuterung der Prüfungsteile	33
5.1	Lesen	33
5.2	Hören	41
5.3	Schreiben	48
5.4	Sprechen	52
5.5	Bewertung	57
5.5.1	Rezeption	57
5.5.2	Produktion	58
5.5.2.1	Schreiben	58
5.5.2.2	Sprechen	64

6	Sprachliche Mittel	72
6.1	Sprachhandlungen	72
6.2	Strategien	76
6.3	Notionen	78
6.4	Themen	81
6.5	Wortschatz	82
6.5.1	Wortgruppen	83
6.5.2	Alphabetischer Wortschatz	86
6.6	Grammatische Strukturen	110
	Literatur	114
	Bildnachweise	117

Grußwort

Die Prüfungen des Goethe-Instituts erfreuen sich von Jahr zu Jahr größerer Beliebtheit. Seit es den *Gemeinsamen europäischen Referenzrahmen für Sprachen* gibt, wollen immer mehr Menschen sich einen international anerkannten Nachweis ihres Könnens ausstellen lassen. Die Vorstellung von sechs aufeinander aufbauenden Stufen der Sprachbeherrschung motiviert viele Menschen, selber festzustellen, wo sie stehen und was sie bereits können. Das Stufensystem definiert für jedermann verständlich, was man auf jeder dieser Stufen bereits kann. Dadurch gibt es Orientierung, Transparenz. Es weckt in so manchem Anfänger den Wunsch, weiterzumachen bis zum schwarzen Gürtel – um eine Analogie aus den asiatischen Kampfsportarten zu bemühen. Für die Sprache wäre der schwarze Gürtel das Niveau C2.

Für Schülerinnen und Schüler, die eine Fremdsprache lernen, steht die zweite Stufe, A2, für eine beachtliche Leistung. Die Existenz der ersten international bekannten Deutschprüfung auf dem Niveau A2 *Fit in Deutsch 2* ist einer Initiative des italienischen Unterrichtsministeriums zu verdanken. Ende der 90er-Jahre beauftragte es im Rahmen des Progetto Lingue 2000 europäische Einrichtungen, darunter das Goethe-Institut, am *Gemeinsamen europäischen Referenzrahmen für Sprachen* orientierte Prüfungen bereitzustellen, mit denen sich der Leistungsstand italienischer Schülerinnen und Schüler ermitteln lässt. Bald zeigte sich, dass man mithilfe solcher externen Sprachprüfungen junge Menschen motivieren und zugleich den Fremdsprachenunterricht modernisieren kann. Das Niveau A2 wurde schon bald auch für Erwachsene ein wichtiges Ziel. Speziell die Zuwanderer nach Deutschland sollten durch kleine, machbare Schritte in Form von Prüfungen auf Niveau A1 und A2 an die deutsche Sprache herangeführt werden. Inzwischen sind die Prüfungen *Start Deutsch* weltweit als verlässlicher Nachweis geschätzt.

Es ist mir eine große Freude, Ihnen dieses Handbuch zum neuen *Goethe-Zertifikat A2* vorstellen zu dürfen. Sie finden darin eine Erklärung aller fachlichen Hintergründe dieser modernen Deutschprüfung.

Johannes Ebert
Generalsekretär des Goethe-Instituts

Zu diesem Buch

Dieses Buch wendet sich an Experten, Prüfende, Lehrpersonen und Kursträger, die Unterricht in Deutsch als Fremdsprache anbieten und Teilnehmende auf das Goethe-Zertifikat A2 vorbereiten wollen.

- Kapitel 1 beschreibt die wichtigsten Kennzeichen der beiden Versionen der Prüfung für Jugendliche und Erwachsene und bietet eine Charakterisierung der Prüfung in Kurzform.

- Kapitel 2 widmet sich der Entstehung der Prüfung. Es gibt einen Einblick in den Prozess der Prüfungsentwicklung und -erstellung, erläutert, welche Entwicklungsschritte unternommen wurden, um die aktuellen europäischen Qualitätsstandards für Sprachprüfungen einzuhalten.

- Kapitel 3 legt die demografischen Kennzeichen der beiden Teilnehmergruppen der Prüfung, Erwachsene und Jugendliche ab 12 Jahren, vor.

- Kapitel 4 erläutert das der Prüfung zugrunde liegende theoretische Konstrukt. Dieses basiert auf dem kommunikativen Ansatz, der Handlungsorientierung und den von sprachlich Handelnden eingesetzten Strategien. Es definiert detailliert, was gemäß dem Gemeinsamen europäischen Referenzrahmen für Sprachen auf der Stufe A2 unter elementarer Sprachbeherrschung zu verstehen ist und wie diese Definition in der Prüfung umgesetzt wird.

- Kapitel 5 beschreibt die vier fertigkeitsbezogenen Teile der Prüfung: die Prüfungsziele und -formen der einzelnen Aufgaben sowie die zugrunde liegenden Kann-Beschreibungen. Es erklärt, welche Aufgaben verwendet werden und erläutert anhand von Beispielen, welche produktiven Leistungen erfolgreiche Teilnehmende erbringen.

- Kapitel 6 listet die sprachlichen Mittel im Einzelnen auf, mit deren Hilfe Prüfungsteilnehmende die Aufgaben bewältigen.

Die Autorinnen

1 Goethe-Zertifikat A2

1.1 Träger und Testentwickler

Das *Goethe-Zertifikat A2* wurde in der Zentrale des Goethe-Instituts von Bereich 41 entwickelt. Das Goethe-Institut e. V. widmet sich im Auftrag der Bundesrepublik Deutschland der Pflege der deutschen Sprache im Ausland sowie der internationalen kulturellen Zusammenarbeit. In einem weltweiten Netzwerk von circa 150 Instituten und circa 350 Kooperationspartnern in Deutschland und im Ausland werden jährlich etwa 250.000 Kursteilnehmende unterrichtet, 260.000 Personen legen jährlich an über 500 Prüfungsorten weltweit eine Deutschprüfung des Goethe-Instituts ab. [1] Die Sprachprüfungen für Deutsch als Fremd- bzw. Zweitsprache reichen zurück bis in das Jahr 1961. Goethe-Zertifikate sind an deutschen Hochschulen, bei Arbeitgebern und öffentlichen Institutionen weltweit anerkannt. Das Goethe-Institut ist Gründungsmitglied der Association of Language Testers in Europe (ALTE). Im Februar 2014 erhielt es zum zweiten Mal nach einer Evaluierung seiner Deutschprüfungen für Erwachsene das Qualitätssiegel der europäischen Organisation. [2]
Das Goethe-Institut bietet folgende allgemeinsprachliche Deutschprüfungen für junge und erwachsene Lernende an:

Niveau	Erwachsene	Jugendliche
A1	Goethe-Zertifikat A1 Start Deutsch 1	Goethe-Zertifikat A1 Fit in Deutsch 1
A2	Goethe-Zertifikat A2	Goethe-Zertifikat A2 Fit in Deutsch
B1	Goethe-Zertifikat B1 [3]	Goethe-Zertifikat B1
B2	Goethe-Zertifikat B2	Goethe-Zertifikat B2
C1	Goethe-Zertifikat C1	
C2	Goethe-Zertifikat C2 Großes Deutsches Sprachdiplom	

Abbildung 1: Deutschprüfungen für junge und erwachsene Lernende des Goethe-Instituts

Mitglieder der ALTE bieten für junge und erwachsene Lernende beispielsweise folgende vergleichbare Fremdsprachenprüfungen [4] an:

---
1 Vgl. Goethe-Institut, Jahrbuch 2013/2014 S. 47
2 www.goethe.de/pruefungen und www.alte.framework
3 Das Zertifikat B1 wurde gemeinschaftlich entwickelt vom Goethe-Institut, München, dem ÖSD, Klagenfurt/Wien, und der Universität Freiburg, Schweiz. Bereich Mehrsprachigkeitsforschung und Fremdsprachendidaktik.
4 Es handelt sich um Beispiele, nicht um eine vollständige Liste.

PRÜFUNGSZIELE · TESTBESCHREIBUNG

Niveau	Erwachsene	Jugendliche
Englisch	Cambridge English: Key (KET)	Key for schools
Französisch	Diplome d'Etudes en langue française (DELF)	DELF junior
Spanisch	Diplomas de Español como Lengua Extranjera Nivel A2 (DELE)	
Italienisch	Certificato di lingua Italiana (CELI 1)	

Abbildung 2: Sprachprüfungen für junge und erwachsene Lernende in der ALTE (Auswahl)

1.2 Beschreibung

Name

Das Goethe-Zertifikat A2 ersetzt ab 2016 die beiden Prüfungen Fit in Deutsch 2 und Start Deutsch 2. Die Prüfung besteht aus zwei formal gleichen Varianten, eine für Erwachsene sowie eine für Jugendliche. Letztere ist mit dem Namenszusatz „Fit in Deutsch" gekennzeichnet und heißt *Goethe-Zertifikat A2 Fit in Deutsch*. Beide Prüfungen verwenden dieselbe Zeugnisurkunde. Der Namenszusatz ist auf der Zeugnisurkunde eingedruckt.

Art der Prüfung

Die Prüfung dient der Feststellung allgemeinsprachlicher Kenntnisse des Deutschen. Sie wird zentral erarbeitet, hergestellt und versandt und wird weltweit an Goethe-Instituten und seinen Prüfungskooperationspartnern nach einheitlichen Standards durchgeführt.

Zielgruppen

Die Erwachsenenvariante wird Teilnehmenden ab einem Mindestalter von 16 Jahren empfohlen. Die Jugendvariante eignet sich für Teilnehmende im Alter ab 12 Jahren. Das Prüfungsformat der beiden Varianten ist formal und im sprachlichen Schwierigkeitsgrad gleich, inhaltlich jedoch der jeweiligen Zielgruppe angemessen und daher unterschiedlich.

Voraussetzung

Die Prüfung ist allen Interessenten zugänglich, die über elementare Kenntnisse der deutschen Sprache verfügen, unabhängig davon, ob sie vorher einen Sprachkurs oder eine bestimmte Klassenstufe in der Schule mit einem besonderen Curriculum besucht haben. Im Rahmen von Intensivkursen lassen sich die für die Prüfung notwendigen Kenntnisse und Fähigkeiten in circa 200 bis 350 Unterrichtseinheiten zu jeweils 45 Minuten erwerben. Voraussetzung für eine Teilnahme ist die Kenntnis der lateinischen Schrift.

Sprachniveau

Mit dem Zeugnis weisen Teilnehmende Deutschkenntnisse auf der zweiten Stufe der sechsstufigen Kompetenzskala des *Gemeinsamen europäischen Referenzrahmens* – A2 – nach. Die Stufe A bezeichnet die Fähigkeit zur elementaren Sprachverwendung. Mit erfolgreichem Bestehen weisen Teilnehmende nach, dass ihnen die in Deutschland verwendete deutsche Standardsprache geläufig ist. Sie zeigen, dass sie damit sprachlich handeln sowie ihre Ziele im privaten, öffentlichen, schulischen bzw. bei Erwachsenen im beruflichen Leben adäquat ausdrücken können.

Grundlagen

Die Prüfung basiert auf dem vorliegenden Prüfungszielkatalog, der maximal mögliche Ziele vorgibt. Sie ist dem kommunikativen und handlungsorientierten Lehr- und Lernansatz verpflichtet. Die Prüfungsteilnehmenden bewältigen als sprachlich Handelnde kommunikative Aufgaben in den vier Fertigkeitsbereichen Leseverstehen, Hörverstehen, schriftliche und mündliche Interaktion sowie Produktion.

Prüfungsteile, Gewichtung, Dauer

Die Prüfung verwendet gedruckte Aufgabenblätter und Antwortbogen und wird mit Papier und Stift durchgeführt. Sie besteht aus drei schriftlichen Teilen, die nur zusammenhängend im Rahmen einer Gruppenprüfung abgelegt werden können. Die schriftliche Prüfung prüft die Fertigkeiten Leseverstehen, Hörverstehen sowie schriftlicher Ausdruck. In den Teilen *Lesen* und *Hören* sollen Teilnehmende schriftliche und mündliche deutsche Texte verstehen. Dazu lösen sie jeweils 20 Aufgaben. Im Teil Schreiben verfassen sie zwei eigene Texte.

Prüfungsteil/Fertigkeit	Teile/Aufgaben	Punkte	Minuten
Lesen	4	25	30
Hören	4	25	30
Schreiben	2	25	30
Sprechen	3	25	15
Total	13	100	105

Abbildung 3: Goethe-Zertifikat A2, Prüfungsteile, Gewichtung und Dauer

Der Teil Sprechen wird in der Regel in einer Paarprüfung mit zwei Teilnehmenden und zwei Prüfenden abgelegt. In Ausnahmefällen, wenn nur ein einzelner Prüfungsteilnehmender sich anmeldet oder bei ungeraden Teilnehmerzahlen, wird der Teil Sprechen als Einzelprüfung durchgeführt.

Prüfungsorte und -termine

Die Prüfung wird weltweit nach einheitlichen Standards durchgeführt und ausgewertet. Sie kann in Deutschland sowie weltweit an Goethe-Instituten, Goethe-Zentren und bei autorisierten bzw. lizenzierten Kooperationspartnern abgelegt werden.

1.3 Prüfungsergebnisse und Zeugnis

Um die Prüfung zu bestehen, müssen mindestens 60 von 100 Punkten bzw. 60 Prozent erreicht werden. Auf dem Zeugnis werden alle bestandenen Teile mit den erreichten Punkten bzw. Prozentzahlen ausgewiesen. Auf der Zeugnisrückseite findet sich eine Erläuterung der Leistungen, die für die Niveaustufe A2 kennzeichnend ist. Für die schriftlichen Teile *Lesen, Hören* und *Schreiben* wird die Stufe A2 bestätigt, wenn die Teilnehmenden mindestens 45 von 75 möglichen Punkten erreicht haben. Für den Teil Sprechen müssen mindestens 15 von 25 Punkten erreicht sein. Das Zeugnis weist auf der Vorderseite die in jeder Fertigkeit erreichte Punktzahl und Prozentzahl aus. Das Ergebnis ist folgendermaßen zu interpretieren:

	Punkte = Prozent
Sehr gut	100 – 90
Gut	89 – 80
Befriedigend	79 – 70
Ausreichend	69 – 60

Haben Teilnehmende die Gesamtprüfung nicht bestanden, erhalten sie eine Teilnahmebestätigung ihrer Leistungen mit Angabe der erreichten Punkt- und Prozentzahlen.

2 Entwicklung des Testformats

2.1 Referenzsystem

Von zentraler Bedeutung für die Entwicklung des *Goethe-Zertifikats A2* ist der *Gemeinsame europäische Referenzrahmen für Sprachen (GER)*. Er liefert zum einen über die einzelne Sprache hinaus transparente, Vergleiche ermöglichende Konzepte mit Optionen dafür, was unter Lernen, Lehren und Beurteilen von Fremdsprachen zu verstehen ist. Gemeinsam für alle Fremdsprachen ist der handlungs- und aufgabenorientierte Ansatz, demzufolge Sprachlernende als in sozialen Kontexten sprachlich Handelnde gesehen werden. Im Zentrum steht die Bewältigung kommunikativer Aufgaben durch die Lernenden. Pragmatische und soziokulturelle Aspekte der Sprache wie auch der Umgang mit verschiedenen Textsorten rücken in den Mittelpunkt. Zum anderen liefert der Referenzrahmen ein System von Stufen für die Zuordnung von Kompetenzen und Leistungen. Das *Goethe-Zertifikat A2* ist angesiedelt auf der zweiten Stufe des sechsstufigen Modells, das von den Stufen A1 *(Breakthrough)*, A2 *(Waystage)*, A2 *(Threshold)*, B2 *(Vantage)*, C1 *(Effective Operational Proficiency)* bis hin zu der Stufe C2 *(Mastery)* reicht.

Der Referenzrahmen bildet sprachliches Können in sog. Kann-Beschreibungen ab. Dabei handelt es sich um empirisch validierte, positiv formulierte Sätze, die ausdrücken, was Lernende auf jeder der beschriebenen Stufen im Hinblick auf sprachliches Handeln zu leisten imstande sind. [5]

Der Einfluss des *Referenzrahmens* auf die Entwicklung des *Goethe-Zertifikats A2* zeigt sich bei der Einteilung der Prüfung in die vier Teile *Lesen, Hören, Schreiben, Sprechen,* die jeweils eine Fertigkeit überprüfen: Leseverstehen, Hörverstehen, schriftliche und mündliche Produktion und Interaktion. In der Definitionsphase der Projektentwicklung, wo es um die Validität bzw. die Aussagekraft der Prüfungsteile ging, wurden wichtige Entscheidungen getroffen. Die Handlungs- bzw. Realitätsorientierung der Aufgaben wurde bei der Wahl der Textsorten und Situierungen umgesetzt. Prüfungsteilnehmende sollen nachweisen, dass sie mit im Alltag verankerten Textsorten wie zum Beispiel Anzeigen, Radiosendungen und dergleichen umgehen können, dass sie Texte bewältigen und diesen z. B. gezielt Informationen entnehmen können, auch dann, wenn die Texte einige unbekannte Wörter enthalten, wie das in der Alltagswirklichkeit auch der Fall ist.

---

[5] North (2000); Schneider/North (2000)

Während der *Referenzrahmen* und das *Europäische Sprachenportfolio* sprachenübergreifend konzipiert sind, leistet *Profile Deutsch (2002)* die Konkretisierung der Niveaubeschreibungen für die deutsche Sprache. Bei der Entwicklung des *Goethe-Zertifikats A2* war *Profile Deutsch* im Hinblick auf die sprachlichen Mittel und die von den Lernenden anzuwendenden kommunikativen Lern- und Prüfungsstrategien von Bedeutung.

Gemeinsamer europäischer Referenzrahmen für Sprachen

definiert sprachliche Aktivitäten und Kompetenzen in einer breit angelegten Palette von Situationen für **alle** europäischen Sprachen als Fremdsprachen auf **allen** Sprachniveaus (A1 bis C2) für Erwachsene

⬇

Profile Deutsch

liefert die für die Erfüllung der Kompetenzbeschreibungen notwendigen sprachlichen Mittel (Sprachhandlungen, Wortschatz, Grammatik etc.) in **deutscher Sprache**

⬇

Goethe-Zertifikat A2 / Prüfungsziele

definiert Prüfungsziele für die beschriebenen Zielgruppen Jugendliche und Erwachsene sowie dafür relevante Inventare (z. B. Themen, Wortschatzliste, grammatische Strukturen)

⬇

Goethe-Zertifikat A2 / Testformat

überprüft Kernbereich der Prüfungsziele

Abbildung 4: Referenzsystem des Goethe-Zertifikats A2

Die Abteilung für Sprachenpolitik des Europarates ist nicht nur Initiatorin für den *Referenzrahmen*, diese Abteilung stellt auf ihren Internetseiten auch Beispiele von schriftlichen und mündlichen Leistungen in mehreren europäischen Sprachen zur Verfügung, die die sechs Niveaustufen des *Referenzrahmens* illustrieren.[6] Diese Beispiele wurden bei der Definition der Anforderungen auf dem Niveau A2 für das *Goethe-Zertifikat A2* herangezogen. Dasselbe gilt für die unter dem Titel *Mündlich* veröffentlichten Beispiele mündlicher Produktion und Interaktion für die Sprache Deutsch. Eines der dort veröffentlichten Beispiele sprachlicher Leistungen befindet sich auf der DVD mit Trainingsmaterialien zum *Goethe-Zertifikat A2*, die zur Aus- und Fortbildung von Beurteilenden eingesetzt wird.[7]

---

[6] Die Videos des Europarats sind abrufbar unter: http://www.coe.int/t/dg4/education/elp/elp-reg/CEFR_materials_EN.asp; siehe auch
[7] Rodi (2015); (Bolton u.a. 2008)

Dieses sogenannte *Benchmarking*-Beispiel wurde von Experten [8] aus den deutschsprachigen Ländern sowie aus dem europäischen Raum der Niveaustufe A2 zugeordnet. Es diente damit als Vergleichspunkt für die Prüfungsleistungen zum *Goethe-Zertifikat A2*. Dieselbe Funktion erfüllen die Beispiele mündlicher Produktion und Interaktion von jugendlichen Lernenden zwischen 13 und 18 Jahren auf der Stufe A2 bzw. A2+, die unter Leitung des *Centre International d'études pédagogiques* (CIEP) 2008 entstanden und im Rahmen eines Seminars von europäischen Experten, [9] darunter Vertreter von Cambridge ESOL, der Universität von Perugia, des Instituto Cervantes, der Stiftung Eurozentren, der Niveaustufe A2 zugeordnet worden waren. [10]

2.2 Qualitätsstandards

Das Goethe-Institut orientierte sich bei der Entwicklung des *Goethe-Zertifikats A2* in allen Phasen der Prüfungserstellung und -abwicklung an den 17 Mindeststandards der ALTE. Jedes Mitglied der internationalen Vereinigung von Prüfungsinstitutionen ALTE unterzeichnete den *ALTE Code of Practice* (1994) und verpflichtete sich mit dieser Unterschrift dazu, die niedergelegten Richtlinien zur Qualitätssicherung einzuhalten. Das bedeutet, dass alle Mitglieder in ihrer Funktion als Prüfungsanbieter, sich dazu verpflichten, bei der Prüfungsentwicklung, Durchführung und Logistik, Bewertung und Benotung, Analyse sowie Kommunikation der Ergebnisse mit Beteiligten 17 Mindeststandards zu berücksichtigen. Die Einhaltung dieser Standards wird durch sog. ALTE Audits überprüft. Somit ist gewährleistet, dass das *Goethe-Zertifikat A2* nicht nur für den Zweck angemessen und auf dem neuesten Stand der Fachdiskussion ist, sondern auch, dass Prüfungsteilnehmende fair behandelt werden.

---

[8] Teilnehmende der Konferenz München (2005): Europarat W. Martyniuk, Goethe-Institut M. Adelhoefer, S. Bolton, U. Brand-Kleider, A. Daniels, H. Kirchner, H. Oehlert, M. Reimann, S. Steiner, TestDaF-Institut G. Kecker, WBT H. Rübeling, B. Zeidler, CLAC M. Müller, Universität Klagenfurt/ÖSD M. Glaboniat, H. Lorenz, Universität Fribourg M. Müller, G. Schneider, Migros-Clubschulen Urs Egli, Universität Ljubljana I. Ferbezar; Teilnehmende der Konferenz Wien (2006): Europarat W. Martyniuk, Goethe-Institut M. Perlmann-Balme, S. Steiner, TestDaF-Institut G. Kecker, Universität Klagenfurt/ÖSD M. Glaboniat, H. Lorenz, ÖSD M. Doubek, K. Janicek, G. Kronberger, Verband Wiener Volkshochschulen T. Fritz, Universität Fribourg M. Müller, G. Schneider, T. Studer, P. Lenz, CLAC M. Müller, Migros-Clubschulen U. Egli, Universität Ljubljana I. Ferbezar, Universität Udine S. Kuri, Universität Budapest A. Majorosi

[9] IA IPR Versailles Wolf Halberstadt, TestDaF Gabriele Kecker, Université Fribourg Schweiz Peter Lenz; Universität Klagenfurt Helga Lorenz; Goethe-Institut Paris Lothar Mader; Jagiellonan university Pologne (ex division linguistique COE) Waldek Martyniuk, CITO Niederlande Jose Noijons, Eurocentres Schweiz Brian North; Goethe-Institut München, Michaela Perlmann-Balme, Stefanie Steiner, Experte COE Eike Thurmann, CITO Niederlande Norman Verhelst

[10] Beispiele für die sechs Niveaustufen des Gemeinsamen europäischen Referenzrahmens für Sprachen sind abrufbar unter: http://www.coe.int/t/dg4/education/elp/elp-reg/CEFR_speaking_EN.asp#TopOfPage.

17 Minimalstandards zur Sicherstellung von Qualität in Prüfungen der ALTE [11]

Prüfungsentwicklung

1. Stellen Sie sicher, dass Ihre Prüfung sich auf ein theoretisches Konstrukt bezieht, z. B. auf ein Modell der kommunikativen Kompetenz.
2. Beschreiben Sie die Ziele der Prüfung sowie die Verwendungssituationen und die Adressaten, für die die Prüfung geeignet ist.
3. Definieren Sie die Anforderungen, die Sie an die Auswahl und das Training von Testkonstrukteuren stellen. Beziehen Sie das Urteil von Experten in Form von Gutachten sowohl in die Prüfungsentwicklung als auch in die Revision ein.
4. Stellen Sie sicher, dass die verschiedenen Testsätze einer Prüfung, die an unterschiedlichen Terminen durchgeführt werden, vergleichbar sind. Dies betrifft sowohl den Prüfungsinhalt und die Durchführung als auch die Notengebung, die Festsetzung der Bestehensgrenze und die statistischen Werte der Aufgaben.
5. Wenn Ihre Prüfung sich auf ein externes Referenzsystem bezieht (z. B. den Gemeinsamen europäischen Referenzrahmen), stellen Sie sicher, dass Sie diesen Bezug durch ein angemessenes methodisches Vorgehen nachweisen.

Durchführung und Logistik

6. Stellen Sie sicher, dass alle Prüfungszentren, die Ihre Prüfung durchführen, anhand von klaren und transparenten Kriterien ausgewählt werden und dass ihnen die Prüfungsordnung bekannt ist.
7. Stellen Sie sicher, dass die Prüfungsunterlagen in einwandfreier Form und auf sicherem Postweg an die lizenzierten Prüfungszentren verschickt werden, dass die Organisation der Prüfungsdurchführung einen sicheren und nachvollziehbaren Umgang mit allen Prüfungsunterlagen erlaubt und dass die Vertraulichkeit aller Daten und Unterlagen garantiert ist.
8. Stellen Sie sicher, dass Ihre Organisation der Prüfungsdurchführung eine angemessene Unterstützung der Kunden vorsieht (z. B. Telefon-Hotline, Internet-Service).
9. Gewährleisten Sie die Sicherheit und Vertraulichkeit der Prüfungsergebnisse und Zeugnisse sowie aller damit verbundenen Daten. Stellen Sie sicher, dass Sie die gültigen Datenschutzbestimmungen einhalten und dass Sie die Kandidaten über ihre Rechte – auch hinsichtlich Einsicht ihrer Prüfungsunterlagen – informieren.
10. Stellen Sie sicher, dass Sie bei der Durchführung Ihrer Prüfungen Vorkehrungen treffen für Kandidaten mit Behinderungen.

Bewertung und Benotung

11. Stellen Sie sicher, dass die Bewertung der Leistungen der Kandidaten so korrekt und zuverlässig ist, wie die Art der Prüfung es erforderlich macht.
12. Stellen Sie sicher, dass Sie einen Nachweis darüber erbringen können, wie die Bewertung durchgeführt wird, wie die Zuverlässigkeit der Bewertung hergestellt wird und wie Informationen über die Qualität der Prüfer/Bewerter zum schriftlichen und mündlichen Ausdruck erfasst und analysiert werden.

Analyse der Ergebnisse

13. Führen Sie Erprobungen mit einer repräsentativen und angemessenen Population durch, um Daten zur Prüfung zu erhalten und zu analysieren. Weisen Sie nach, dass die Ergebnisse der Teilnehmer eine Folge ihrer Leistungsfähigkeit sind und nicht durch andere Faktoren verursacht werden, wie z. B. Muttersprache, Herkunftsland, Geschlecht, Alter und ethnische Zugehörigkeit.
14. Stellen Sie sicher, dass die Erprobungsdaten für die statistischen Analysen (z. B. um die Schwierigkeit und die Trennschärfe der einzelnen Items und die Reliabilität sowie den Messfehler der gesamten Prüfung zu ermitteln) mithilfe von repräsentativen und angemessenen Populationen gewonnen werden.

Kommunikation mit Beteiligten

15. Stellen Sie sicher, dass Sie den Kandidaten und den Prüfungszentren die Prüfungsergebnisse schnell und auf klare Weise mitteilen.
16. Informieren Sie Ihre Kunden (Testzentren, Kandidaten) über den angemessenen Einsatz der Prüfung, die Prüfungsziele, den Nachweis, den die Prüfung erbringt, und über die Reliabilität der Prüfung.
17. Stellen Sie Ihren Kunden klare Informationen zur Verfügung, die es ihnen ermöglichen, die Ergebnisse zu interpretieren und den Leistungsnachweis angemessen zu verwenden.

---

11 © Association of Language Testers in Europe, Minimum Standards, Code of Practice Working Group, Übersetzung: Goethe-Institut 2007; http://www.alte.org/resources/filter

2.3 Arbeitsschritte

Bei der Entwicklung des Testformats Goethe-Zertifikat A2 wurde nach klar definierten methodischen Schritten vorgegangen. Diese Schritte begründen die Validität der Prüfung im Sinne des „Validation Argument" von Michael Kane (2008). [12] Sie umfassen qualitative Methoden wie die Expertenbegutachtung sowie quantitative, also empirische Methoden.

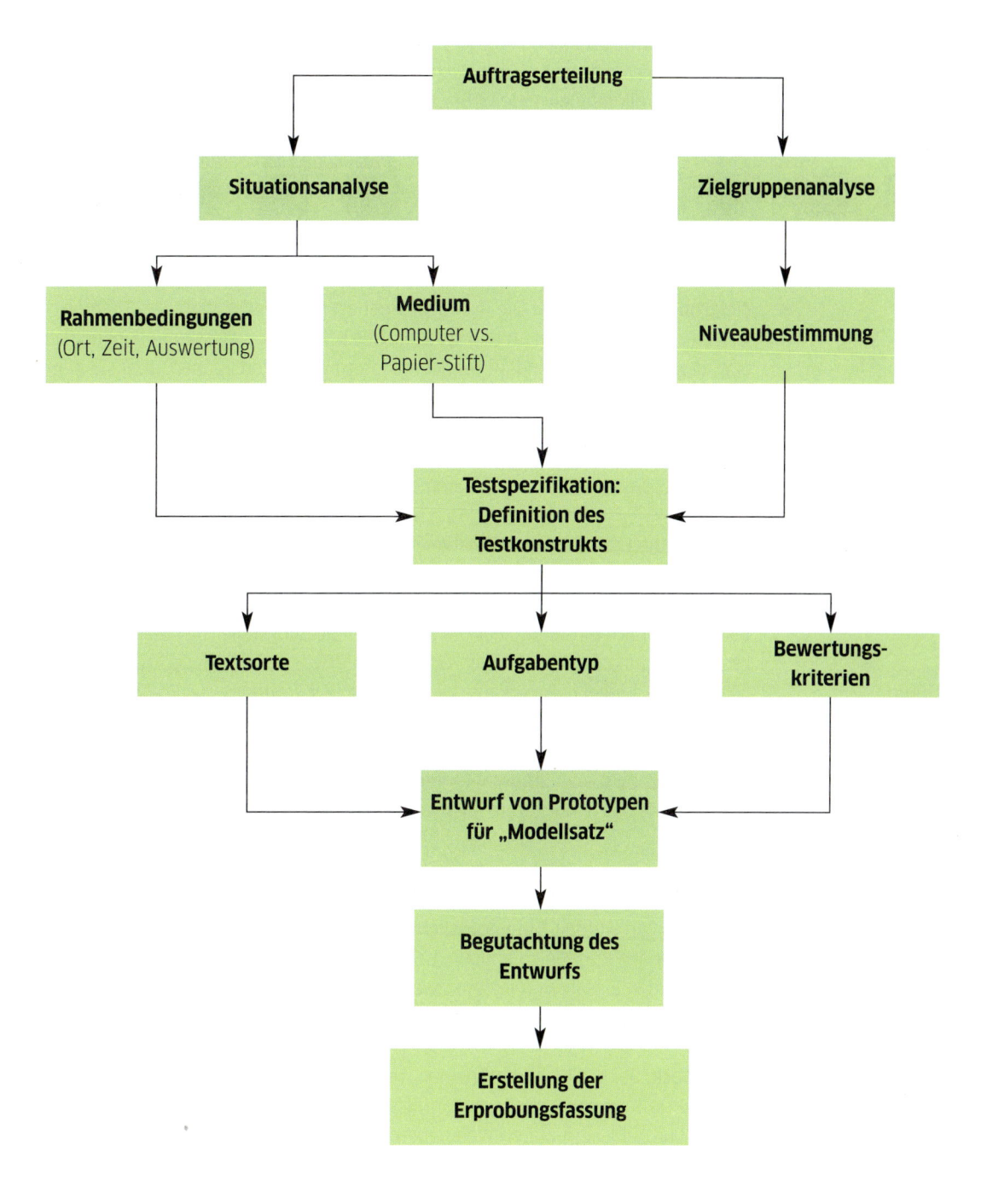

```
                        Auftragserteilung
                       ↙              ↘
            Situationsanalyse      Zielgruppenanalyse
              ↙         ↘                 ↓
   Rahmenbedingungen   Medium        Niveaubestimmung
   (Ort, Zeit,         (Computer vs.
   Auswertung)         Papier-Stift)
              ↘         ↓                 ↙
                  Testspezifikation:
                  Definition des
                  Testkonstrukts
            ↙         ↓         ↘
       Textsorte  Aufgabentyp  Bewertungs-
                                kriterien
            ↘         ↓         ↙
              Entwurf von Prototypen
              für „Modellsatz"
                       ↓
              Begutachtung des
              Entwurfs
                       ↓
              Erstellung der
              Erprobungsfassung
```

Abbildung 5: Arbeitsschritte der Testentwicklung

---
12 vgl. auch Bachman / Palmer 2010.

Ziel des Goethe-Instituts ist es, sein weltweit angebotenes Prüfungsangebot kundenorientiert und auf dem neuesten Stand der Fachwissenschaft zu halten. *Fit in Deutsch 2* entstand 1998 als erste A2-Prüfung in deutscher Sprache. Auftraggeber war das italienische Erziehungsministerium. Die Jugendprüfung war zweisprachig angelegt, Deutsch mit italienischen Anweisungstexten, und zunächst nur für den landesweiten freiwilligen Einsatz im italienischen Schulsystem im Rahmen des Progetto Lingue 2000 gedacht. Seit 2004 wurde sie weltweit einsprachig Deutsch angeboten. *Start Deutsch 2* entstand ebenfalls Ende der Neunzigerjahre im Auftrag des Bundesarbeitsministeriums für den Einsatz bei Zuwanderern in der Bundesrepublik und wurde 2004 für den weltweiten Einsatz angepasst. Nach Einführung des *Gemeinsamen europäischen Referenzrahmens* entsprachen beide Prüfungen nicht mehr vollumfänglich den Anforderungen einer methodisch abgesicherten Orientierung am Niveau A2. Die Europäische Erhebung zur Fremdsprachenkompetenz bei Schülern in Europa, *European Survey of foreign language competence (ESLC)* [13] setzt neue Maßstäbe hinsichtlich einer Testmethodik für Testverfahren bei Schülerinnen und Schülern.

Folgende Ziele [14] wurden bei der Konzeption verfolgt:

- **Zielgruppenadäquatheit:** Die Prüfung orientiert sich bei der Wahl der Themen, Textsorten und Aufgaben an den sprachlichen Alltagsbedürfnissen von jugendlichen bzw. erwachsenen Lernenden. Teilnehmende sollen zeigen können, dass sie den vielfältigen Anforderungen der realen Welt gewachsen sind. Besonders für Jugendliche wurden Themen und Inhalte gewählt, die für sie persönlich relevant sind und sich an ihrer Lebenswelt orientieren. Die Aufgaben sind handlungs- und lernerorientiert in dem Sinne, dass die Prüfungsteilnehmenden Erfahrungen dazu mitbringen. [15]

- **Validität:** Die Erarbeitung des Testkonstrukts legte die theoretischen Grundlagen der neuen Prüfungen. Die technischen Einzelheiten zu diesem Konstrukt sind in den sog. Spezifikationen niedergelegt. Das verabschiedete Testformat ist in Form eines Modelltests [16] öffentlich einsehbar. Für die rezeptiven Prüfungsteile wurde einerseits auf bewährte Formate der bisherigen *Goethe-Zertifikate* auf A2-Niveau zurückgegriffen, andererseits Aufgabentypen aus der *Europäischen Erhebung zur Fremdsprachenkompetenz* (2012) sowie dem *Deutsch-Test für Zuwanderer* (2009) adaptiert. [17] Mit den methodischen Schritten der Testerstellung und -auswertung und den Maßnahmen zur Testvalidierung sowie der detaillierten Beschreibung des Konstrukts wurde sichergestellt, dass die Testresultate aussagekräftig sind und eindeutig interpretiert werden können.

- **Reliabilität:** In der Prüfung soll eine größtmögliche Zahl an unabhängigen Messungen vorgenommen werden, um verlässliche Aussagen über das sprachliche Können der Teilnehmenden machen zu können. Bei der Bewertung der produktiven Leistungen soll durch den Einsatz von jeweils zwei zertifizierten Bewertenden ein hohes Maß an Verlässlichkeit der Ergebnisse erzielt werden.

- **Wash-Back:** Bei der Wahl der Themen, Textsorten und Aufgaben wurde berücksichtigt, dass die Prüfung einen positiven Einfluss auf die Inhalte von vorbereitenden Sprachkursen und Lehr-Lern-Materialien haben soll.

---

13 URL www.surveylang.org
14 vgl. dazu auch die Kriterien für die Nützlichkeit von Prüfungen in Bachman / Palmer (1996).
15 Dorothè Salomo (2014): Jugendliche lernen anders, S.8
16 Abrufbar unter: http://www.goethe.de/pruefungen.
17 Speziell sind die Teile Lesen Teil 1 und 3 sowie Hören Teil 2, 3 und 4 gemeint.

■ **Praktikabilität:** Die Wahl der Prüfungsformen berücksichtigt die Durchführungsbedingungen in weltweit mehr als 500 autorisierten Testzentren und 500 ausgewählten Partnerschulen. Die Umfrage bei den Prüfungszentren von *Fit in Deutsch* [18] ergab, dass eine computerbasierte Prüfungsdurchführung von der Mehrheit der Prüfungszentren nicht erwünscht war, da man dabei weltweit mit erheblichen technischen Problemen rechnet.

2.3.1 QUALITATIVE VALIDIERUNG

Der sogenannte Modellsatz ist der erste Prüfungssatz und damit der Prototyp. Die Aufgaben darin wurden im Verlauf des Projektes wiederholt modifiziert. Nach diesem Muster werden alle weiteren Testversionen erstellt. Der Prototyp wurde einer Reihe von routinemäßigen Validierungsschritten unterzogen, die darauf abzielen, das Testformat zu optimieren. Dazu zählen qualitative Verfahren wie auch quantitative bzw. empirische Methoden.

Wissenschaftliche Gutachten
Die qualitative Begutachtung der konzipierten Aufgaben wurde von fünf externen Gutachtern vorgenommen. Die Jugendversion begutachteten Gabriele Kniffka vom Institut für deutsche Sprache und Literatur, Pädagogische Hochschule Freiburg, Rüdiger Grotjahn, ehemals Ruhr-Universität Bochum, sowie José Pascoal vom Centro de Avaliação de Português Língua Estrangeira der Universität Lissabon. Die Erwachsenenversion begutachteten Sylvia Demmig sowie Olaf Bärenfänger, beide Universität Leipzig. Diese externen Experten bestätigten das sprachliche Niveau der Texte und Aufgaben als der Definition A2 des *Gemeinsamen europäischen Referenzrahmens* angemessen, mit erkennbarer Abgrenzung von den Niveaus A1 und B1. Im Hinblick auf die rezeptiven Teile wurde der Einsatz von ausschließlich geschlossenen Aufgabenformaten befürwortet. Positiv angemerkt wurden das Einbeziehen der beruflichen Domäne für Erwachsene und die Verwendung von Bildern als Items im Prüfungsteil *Hören*, da letzteres dazu beiträgt, dass die Leselast sinkt. Das Projektteam entschloss sich nach entsprechenden Rückmeldungen im Hinblick auf die Ratewahrscheinlichkeit, die Anzahl der Richtig/Falsch-Aufgaben auf 5 von 40 Items und damit 12,5 Prozent zu reduzieren. Da das durchweg zweimalige Hören von den Experten als zu langatmig und wenig realitätsnah angesehen wurde, bietet die Prüfung in ihrer Endfassung eine 50-prozentige Mischung von einmaligem und zweimaligem Hören an. Im Hinblick auf die Sprechweise bzw. die Verwendung von authentischer Mündlichkeit im Teil *Hören* wurde nach entsprechenden Rückmeldungen eine Mischung aus teilweise „druckreifem" Sprechen und Alltagsjargon realisiert.

Deutschsprachige Vergleichsgruppen
Um zusätzliche Evidenz für die Validität der Hör- und Leseaufgaben zu erhalten, wurden diese rezeptiven Prüfungsteile jeweils einer deutschsprachigen Vergleichsgruppe von Jugendlichen und Erwachsenen zur Bearbeitung vorgelegt. Für die Exploration des Lösungsverhaltens und -erfolgs von Muttersprachlern wurden die deutschsprachigen Erwachsenen und Jugendlichen gebeten, die Hör- und Leseaufgaben des Modellsatzes zu bearbeiten. Anschließend konnten sich die Untersuchungsteilnehmenden mündlich oder schriftlich zu ihrem Vorgehen äußern und die bearbeiteten Aufgaben kommentieren. Eine vergleichende Analyse der Beobachtungen beider Gruppen erlaubte es, konkrete Vorschläge für die Revision des Erprobungssatzes, für die Konstruktion neuer Aufgaben und für die Durchführung der Prüfung zu formulieren.

---
18 vgl. Kapitel 3

Bei der Gruppe von 24 im Durchschnitt 14-jährigen Gymnasiasten aus Roth, Brentwoodstraße, zeigte sich, dass die Jugendlichen mit den Aufgabentypen und dem Antwortbogen gut zurechtkamen. In der Gesamtgruppe der 24 Jugendlichen hat ein Drittel die 40 Aufgaben ohne Fehler gelöst, 50 Prozent haben einen Fehler gemacht, je zwei Personen haben 2 oder 3 Fehler gemacht. Bei den kognitiv anspruchsvollen Aufgaben zum suchenden Lesen (Teil 2) wurde deutlich, dass hier verstärkt landeskundliches Wissen eingesetzt werden muss. So wählten mehrere muttersprachliche Schüler für die Frage „Wie war die Schule früher?" eine Fotoausstellung über „unser letztes Schuljahr" als besser geeignete Antwort als „Informationen über unsere Schule – Von den Anfängen bis heute". Bei der Gruppe von sechs Erwachsenen zeigte sich, dass bei einer Reihe von Aufgaben interpretierendes Lesen erforderlich ist. Einzelne der erwachsenen Teilnehmenden waren unsicher, ob ein Tag am Meer bereits als Urlaub oder eher als Ausflug zu interpretieren ist (Nr. 15). Beim Hörverstehen gab es in der Gruppe der muttersprachlichen Erwachsenen keine Fehler. Fasst man die Ergebnisse der beiden Gruppen zusammen, ergeben sich keine Hinweise auf konstrukt-relevante Probleme. Die Ursache für die vereinzelten Fehler liegt in der konkreten Formulierung einzelner Items.

Validierung der Bewertungskriterien zu den produktiven Leistungen

Um besser zu verstehen, wie Bewertungskriterien beschaffen sein müssen, damit sie möglichst faire, objektive und reliable Beurteilungen ermöglichen und zu aussagekräftigen Leistungsbewertungen führen, wurden die entwickelten Bewertungskriterien in einer aus erfahrenen Lehrkräften und Experten zusammengesetzten Bewertergruppe angewendet. Überprüft werden sollte u. a., ob sich eine hohe Übereinstimmung zwischen den Bewertenden ergibt (Interrater-Reliabilität). Befunde dieser Untersuchung flossen in den Entwicklungsprozess der Kriterien ein und trugen dazu bei, die Qualität der Bewertungskriterien sowie der Trainingsmaterialien für Bewertende zu optimieren.

Schreiben

Zur Validierung beim Prüfungsteil Schreiben wurde die Aufgabenstellung auf Verständlichkeit und Realitätsbezug hin erprobt. Dazu wurden Leistungsbeispiele aus verschiedenen Ländern gesammelt. Deutschlehrende vor Ort nahmen mithilfe der zentral erstellten Bewertungskriterien eine erste Benotung vor. Eine zweite Bewertung erfolgte durch das Entwicklerteam sowie externe Experten. Ziel dieses Verfahrens war neben der Untersuchung der Praktikabilität der Bewertungskriterien eine Auswahl geeigneter Beispiele für Trainingszwecke.

Sprechen

Bei der Validierung des Prüfungsteils Sprechen erfolgte die Erprobung der Aufgabenstellung auf Verständlichkeit und Realitätsbezug mithilfe von Filmaufnahmen. Dafür stellten sich jugendliche Stipendiaten von Partnerschulen in Südamerika, Asien und Neuseeland zur Verfügung, die am Goethe-Institut Freiburg einen Kurs besuchten. Die erwachsenen Teilnehmenden aus verschiedenen europäischen Ländern, Afrika und Mittelamerika besuchten einen Kurs am Goethe-Institut München, Sonnenstraße, sowie der Volkshochschule München. Die erste und zweite Bewertung wurde jeweils durch das Entwicklerteam sowie externe Experten und praktizierende Lehrkräfte in Deutschland vorgenommen. Eine Auswahl geeigneter Beispiele diente der Erstellung von Trainingsmaterialien für Bewertende.

2.3.2 QUANTITATIVE VALIDIERUNG

Ein wichtiger Schritt zur Qualitätsverbesserung der Testentwürfe ist die Erprobung vor dem Einsatz als echte Prüfung. Ziel der quantitativen Verfahren ist es, anhand einer repräsentativen Gruppe herauszufinden, in welchem Maße die Prüfungsmaterialien im Hinblick auf Inhalt und Schwierigkeitsgrad angemessen sind. Empirisch gemessen wird außerdem, ob die Aufgaben angemessen in Teilgruppen unterschiedlicher Fähigkeit differenzieren. Die Ergebnisse dieser Probeläufe werden ausgewertet und analysiert. Durch diese Probeläufe werden auch Erkenntnisse über Praktikabilität und Akzeptanz gewonnen.

Erprobung

Der Modelltest sowie die Testentwürfe zu jeder Version wurden in den Jahren 2014/2015 unter Prüfungsbedingungen bei Prüfungspartnern im In- und Ausland erprobt. Bei der Auswahl der Zentren wurde darauf geachtet, dass eine repräsentative geografische Streuung gewährleistet war. Die Erprobung der Jugendversion fand an Prüfungszentren in Athen, Budapest, Chișinău, Dehli, Eriwan, Freiburg, Istanbul, Nischni, Nowogorod, Warschau und Wolshskij statt. Die Erwachsenenversion wurde in Abidjan, Alexandria, Ankara, Bangkok, Barcelona, Berlin, Bukarest, Izmir, Kairo, Kiew, Lissabon, Madrid, Manila, Moskau, Paris, Pune, Rabat, Seoul, Shanghai, Singapur, Teheran, Tiflis, Tunis und Yaoundé erprobt.
Alle Lösungen der Teilnehmenden zum Lesen und Hören wurden erfasst und anschließend statistisch analysiert. Beim Prüfungsteil Schreiben wurden zu eingereichten Leistungsbeispielen Musterbewertungen angefertigt. Außerdem wurden die Bewertungen der Leistungen statistisch analysiert. Die Aufgaben zum Sprechen wurden mit Kursteilnehmenden aus der Volkshochschule München und dem Goethe-Institut München ausprobiert.
Zu allen Teilen wurden die erprobenden Lehrkräfte bzw. Durchführenden um qualitative Einschätzung der Prüfungsaufgaben in Form eines Fragebogens gebeten.

Statistische Analyse

Durch Analyse der Teilnehmerantworten bei den Teilen Lesen und Hören ließ sich feststellen, wie viel Prozent der Erprobungspopulation die Aufgaben (=Items) richtig gelöst hatten. Neben der Berechnung der Item-Schwierigkeit ging es darum, die Qualität der Aufgaben in Bezug zu leistungsstarken und leistungsschwachen Teilgruppen zu setzen, d. h. die Trennschärfe zu erheben. Die Ergebnisse der quantitativen Analysen bilden die Basis für die Erfüllung des Standards 14 der *ALTE Mindeststandards:* „Stellen Sie sicher, dass die Erprobungsdaten für die statistischen Analysen (z. B. um die Schwierigkeit und die Trennschärfe der einzelnen Items und die Reliabilität sowie den Messfehler der gesamten Prüfung zu ermitteln) mithilfe von repräsentativen und angemessenen Populationen gewonnen werden." [19] Mithilfe der statistischen Analysen ist es möglich, Prüfungsergebnisse in Relation zum Niveau A2 zu setzen und zu garantieren, dass die vorgelegte Prüfung wirklich dem Niveau A2 entspricht. Letzteres wird dadurch gewährleistet, dass die richtig gelösten Aufgaben in Beziehung zu sogenannten Ankern gesetzt werden. Die Schwierigkeitswerte dieser Anker wurden im *ALTE Can do Project* für eine Reihe von europäischen Sprachen, beispielsweise Englisch, Deutsch, Italienisch, parallel gewonnen. [20] Der Modellsatz und seine Werte dienen dann als Vergleichsgröße für weitere Testversionen. Jede Version soll – abgesehen von einer durch Messfehler verursachten Marge – dieselbe Schwierigkeit haben, sodass alle mit diesen Testversionen geprüften Teilnehmenden dieselben Anforderungen zu erfüllen haben. Im Sinne einer Qualitätssicherung wurde dann entschieden, welche Testitems in die Druckfassung des Modellsatzes aufgenommen werden bzw. welche Änderungen ggf. an Aufgaben vorgenommen werden.

---
[19] vgl. Kapitel 2.3, S. 14
[20] vgl. Europarat (2001), Appendix D, S. 232–244.

Für die Analysen wurden sowohl Item-Response-Verfahren (IRT) als auch klassische Analyseverfahren eingesetzt. Um eine Rasch-Analyse vornehmen zu können, wurden bei den Erprobungen Anker als Bezugspunkt eingesetzt. Durch diese Methode ist es möglich, eine zutreffende Niveaubestimmung der neuen Testaufgaben, unabhängig von der relativen Stärke oder Schwäche der Probanden, zu gewährleisten. Die Abbildung 6 zeigt das Ergebnis der Erprobung des Modellsatzes. Die Zahlen auf der rechten Seite der senkrechten Linie bezeichnen die analysierten Items, ihre Position auf der Schwierigkeitsskala und ihre relative Position zueinander sowie ihre relative Position zu den Erprobungsteilnehmenden. Diese werden durch „#" auf der linken Seite der senkrechten Linie symbolisiert, wobei jedes „#" für mehr als einen Teilnehmenden steht.

Die Grafik zeigt, dass einige Lese- und Höraufgaben der Erprobungsfassung statistisch als zu leicht eingeschätzt wurden. Das „M" auf der Itemseite bezeichnet den mittleren Schwierigkeitsgrad. Dieser liegt tiefer als die mittlere Personenfähigkeit, gekennzeichnet durch „M" auf der Personenseite. Die Fähigkeit der Teilnehmenden ist also höher als die Schwierigkeit der Items. Der angestrebte Schwierigkeitsgrad der Stufe A2 liegt in diesem Fall geringfügig über der 60-Prozent-Marke.

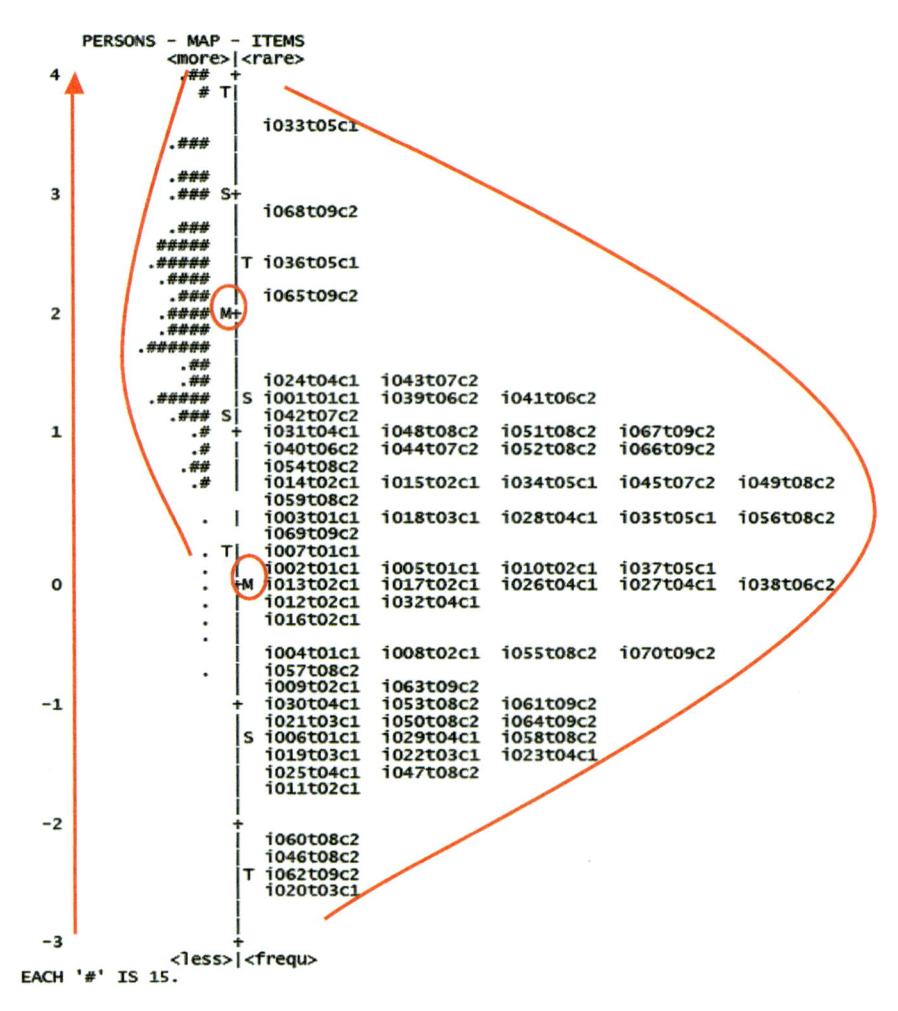

Abbildung 6: Ergebnis der Erprobung Goethe-Zertifikat A2 Fit in Deutsch Lesen und Hören

Berücksichtigt man allerdings die normalen Standardabweichungen bzw. den berechenbaren Messfehler, dann erweist sich diese Diskrepanz als akzeptabel.

Neben den Rasch-Analysen wurden auch klassische Itemanalysen vorgenommen. Neben der Anzahl von richtigen Lösungen wurde die Trennschärfe der Items untersucht, also wie häufig starke oder schwache Teilgruppen der Erprobungspopulation bestimmte Items richtig gelöst haben. Items sollten einen Point Biserial-Wert zwischen 0.25 und 0.8 aufweisen. [21] Zusammen mit dem Lösungsverhalten der Erprobungsteilnehmenden werden Informationen über ihren biografischen Hintergrund (siehe Kapitel 3) gesammelt und analysiert. Als Ergebnis dieser statistischen Analysen ist festzuhalten: Aufgaben, die aufgrund der Erprobungsergebnisse ausgewählt werden, stehen in Einklang mit den Rückmeldungen der Erprobungszentren in Form von Lehrergutachten und Teilnehmerrückmeldungen. Im Anschluss an diese Analyse wurden die Testitems sortiert nach solchen, die als in der Schwierigkeit angemessen eingeschätzt und solchen, die als zu extrem schwierig oder zu extrem leicht aussortiert werden. Einzelne Aufgaben wurden an die Testredaktion zur redaktionellen Bearbeitung zurückgegeben. Ziel dieses Arbeitsschrittes ist es, den Schwierigkeitsgrad durch Austausch von schwierigen Wörtern oder syntaktischen Konstruktionen, unklaren Bezügen und Ähnlichem zu verbessern.

2.3.3 ERSTELLUNG DER TESTVERSIONEN

Um eine Prüfung regelmäßig weltweit anbieten zu können, wird eine größere Anzahl an Testversionen, also Tests, die in Struktur und Schwierigkeitsgrad gleich sind, erstellt. Gemäß Minimalstandard 4 der ALTE müssen die Testversionen miteinander vergleichbar sein. [22] Technische Grundlage für die Vergleichbarkeit des Prüfungsinhalts und der Schwierigkeit von Version zu Version ist das Vorhandensein einer Itembank. Dort lagern die Testaufgaben. Das folgende Schema erläutert die Schritte der Qualitätssicherung im Erstellungsprozess, nach dem alle Testversionen entstehen.

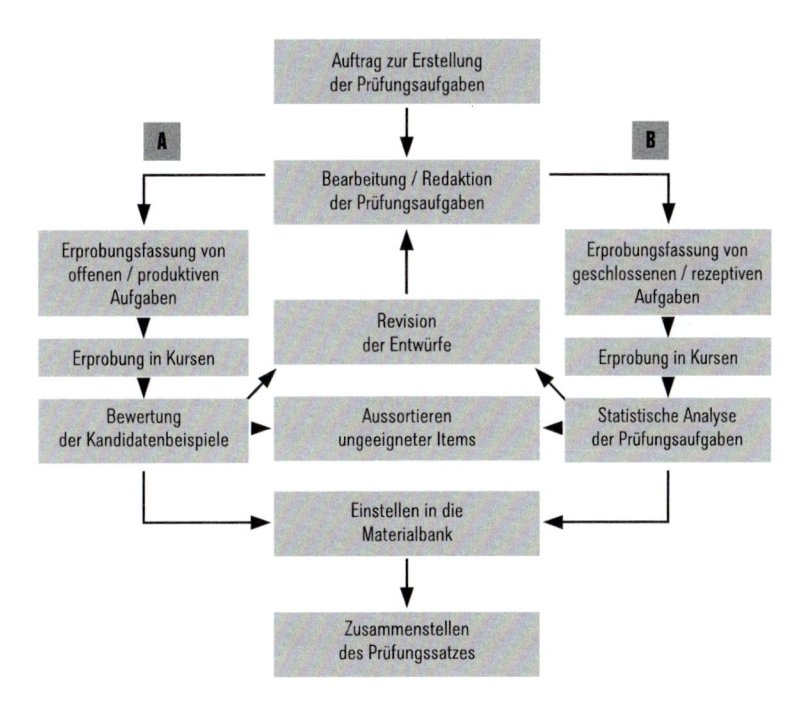

Abbildung 7: Erstellungsprozess für Testversionen

---

21 Point Biserial ist eine Korrelation der Ergebnisse aller Kandidaten bei einem Item im Vergleich zu dem Ergebnis eines Kandidaten im Gesamttest. Verglichen wird die sog. high scoring-Gruppe (etwa oberes Drittel bezogen auf ihre Testergebnisse) und die low scoring-Gruppe (etwa unteres Drittel).
22 vgl. Kapitel 2.3 Seite 14

Am Prozess der Itemproduktion sind Testautoren und -autorinnen, Gutachter/-innen und zuständige Redakteure und Redakteurinnen beteiligt. Alle Beteiligten sind durch langjährige Erfahrung mit dem Sprachniveau A2 vertraut.

Für die Auswahl der den Aufgaben zugrunde gelegten Texte und Situierungen waren die Testentwickler verantwortlich. Das Erstellen von Prüfungsaufgaben wurde von dafür ausgebildeten Testautorinnen und -autoren mit Lehrerfahrung in Kursen auf der Niveaustufe A2, teilweise auch Erfahrung als Lehrwerksautoren übernommen.
Für die Auswahl geeigneter Materialien aus einem breiten Sortiment von relevanten Quellen wie zum Beispiel Internet, Zeitungen, Zeitschriften, Broschüren und Radiosendungen erhielten die Testautorinnen und -autoren detaillierte Vorgaben.

Als Maßgabe für die sprachliche Grundlage entsprechend dem Sprachniveau A2 erhalten Testautorinnen und -autoren außerdem die Inventare aus Kapitel 6. Testentwürfe werden durch mindestens zwei fachlich versierte Gutachter/-innen mithilfe einer Checkliste eingeschätzt. Ein Redaktionsteam führt Testredaktionssitzungen zur Verabschiedung der Erprobungs- und Endfassungen durch. Das Redaktionsteam entscheidet, ob ein Item angenommen, abgelehnt oder zur Überarbeitung vorgesehen wird. Ist eine Überarbeitung notwendig, nimmt das Redaktionsteam diese entweder sofort vor oder – bei mehr Zeitbedarf – gibt sie bei den Testautoren und -autorinnen eine zweite Überarbeitung in Auftrag. Ergebnis der Sitzung ist eine verabschiedete Erprobungs- oder Endfassung.

Der/Die Prüfungsreferent/-in veranlasst die Einlagerung der verabschiedeten Items in der sog. Erprobungsbank. Prüfungsaufgaben, die die Erprobung erfolgreich durchlaufen haben, werden in die sogenannte Live-Bank eingestellt. Damit steht die Aufgabe für eine Verwendung in einer Echtprüfung zur Verfügung. Je nach Bedarf werden neue Testversionen damit zusammengestellt.

3 Zielgruppen

Die Absatzzahlen der beiden A2-Prüfungen zeigen, dass sowohl die Erwachsenenprüfung wie die Jugendprüfung im Laufe ihres Einsatzes immer mehr Teilnehmende gewann. 2014 legten weltweit 19.020 Teilnehmende die Prüfung *Start Deutsch 2* ab, 17.203 Teilnehmende legten weltweit die Prüfung *Fit in Deutsch 2* ab.

3.1 Jugendliche

Im Frühjahr 2013 wurde eine Umfrage unter den Prüfungszentren zum Bedarf der Zielgruppe von *Fit in Deutsch 2* durchgeführt. An der Umfrage zur Revision der Jugendprüfung A2 nahmen 231 Mitarbeiter von Goethe-Instituten bzw. Prüfungszentren teil. Die sogenannten PASCH-Schulen, *Schulen: Partner der Zukunft*, setzen in über 100 Ländern weltweit verstärkt *Fit in Deutsch 2* ein. Zum Zeitpunkt der Umfrage wurden dort bereits knapp 3.500 Prüfungen abgelegt. Hintergrundinformationen zu den Prüfungsergebnissen lieferte die in den Jahren 2010 bis 2013 durchgeführte *Europäische Erhebung zur Fremdsprachenkompetenz*. [23] Mithilfe dieser Erhebung wurden Daten zur Fremdsprachenkompetenz von annähernd 54.000 europäischen Schülern im letzten Jahr der Sekundarstufe I (ISCED-Stufe 2) oder im zweiten Jahr der Sekundarstufe II (ISCED-Stufe 3) in 14 europäischen Ländern gesammelt. [24] Die Ergebnisse erlauben eine bessere Einordnung des Niveaus A2 in seiner Wertigkeit. Sie belegen ein für die zweite Fremdsprache typisches niedriges Niveau von Sprachkompetenz. [25]

---

[23] European Survey on Language Competences - ESLC.
[24] Es nahmen teil: Belgien, Bulgarien, Kroatien, Estland, Frankreich, Griechenland, Malta, die Niederlande, Polen, Portugal, Slowenien, Spanien, Schweden und das Vereinigte Königreich (England).
[25] Pressekonferenz der Europäischen Kommission Androulla Vassiliou, am 21.06.2013: tests carried out among teenage pupils in 14 European countries show that only 42% are competent in their first foreign language and just 25% in their second. A significant number, 14% in the case of the first foreign language and 20% in the second, do not achieve even the level of 'basic user'. http://ec.europa.eu/avservices/audio/audioDetails.cfm?ref=86377&sitelang=en

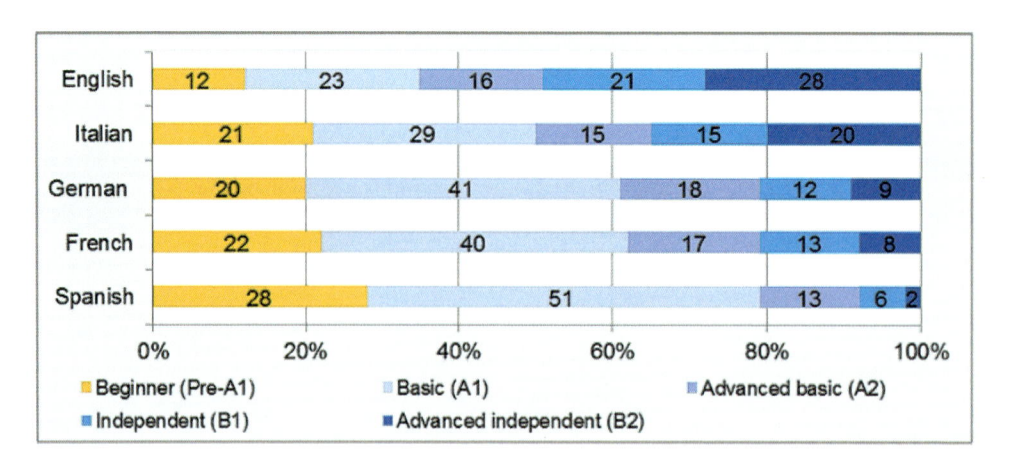

Abbildung 8: Ergebnisse ESLC - prozentualer Anteil der Schüler, die jeweils ein Niveau erreichen, geordnet nach Sprachen (fertigkeitenübergreifend)

Von allen in Deutsch getesteten Schülern erreichen nur 21 Prozent ein höheres Niveau als A2, 18 Prozent erreichen A2, 61 Prozent erlangen A1 oder weniger als dieses Niveau. Wenn also nur ein knappes Fünftel der getesteten Schüler so weit kommt, wird deutlich, dass A2 in der Fremdsprache Deutsch für Schülerinnen und Schüler bereits eine Herausforderung darstellt. Ein Zeugnis, das dieses Niveau bestätigt, hat damit einen nicht zu unterschätzenden Wert.

Alter der Prüfungsteilnehmenden

Die meisten Teilnehmenden an der Jugendprüfung *Fit in Deutsch 2* sind 15 Jahre oder sogar älter. In Ausnahmefällen nehmen 10-Jährige teil, überwiegend sind es jedoch Schüler aus der Sekundarstufe I im Alter zwischen 14 und 16. Deutsch als klassische zweite Fremdsprache wird meistens an Gymnasien und dort überwiegend in den Klassenstufen acht oder neun angeboten. Oft wird Deutsch sogar erst in der Oberstufe angeboten, das erklärt die Gruppe der 18-Jährigen oder sogar noch älteren. Ein weiterer Grund für das unerwartet hohe Alter der Teilnehmenden: Die Jugendprüfungen sind für einige Teilnehmende finanziell attraktiver als die Erwachsenenprüfungen.

Herkunftsländer und Muttersprache der Prüfungsteilnehmenden

Die meisten Jugendprüfungen des Goethe-Instituts auf dem Niveau A2 wurden in Italien abgelegt. Der Grund liegt darin, dass die *Fit in Deutsch*-Prüfungen auf Initiative des italienischen Erziehungsministeriums Ende der Neunzigerjahre ins Leben gerufen wurden und seitdem im italienischen Schulsystem eine wichtige Rolle spielen. Auf den weiteren Plätzen der prüfungsstärksten Länder folgen Griechenland, Indien, die Türkei, die Niederlande, Russland, Spanien und Indonesien. In Griechenland werden außerhalb des nationalen Schulsystems erworbene internationale Zertifikate stark nachgefragt. In den Niederlanden wird der Erwerb solcher Qualifikationen von staatlicher Seite seit einigen Jahren unterstützt. Geordnet nach ihrer Muttersprache sind die teilnehmerstärksten Sprachen bei den Erprobungen Spanisch, gefolgt von Türkisch, Chinesisch, Russisch und Polnisch.

Motive für eine Prüfungsteilnahme

Den meisten jugendlichen Deutschlernenden ist es wichtig oder sehr wichtig, eine gute Note in Deutsch zu haben (90 Prozent). Dies ist das Ergebnis einer umfassenden Umfrage bei Jugendlichen.[26] Auf die Frage, warum sie die Prüfung ablegen wollen, nannten die

---
26 Salomo (2014) S. 10

jugendlichen Teilnehmenden an der Umfrage von 2013 für die bestehende Jugendprüfung mehrere Ziele: Die A2-Prüfung sei eine gute Vorbereitung auf dem Weg zu höheren Niveaus und somit liefere eine zertifizierte Leistung eine Motivation zum Weiterlernen. Als weiterer Grund wurde die Anerkennung an einer Universität, sogenannte *credits*, genannt. Motivierend ist außerdem, dass die erreichten Ergebnisse schulintern in die Jahresnote einfließen. An manchen Schulen dient ein Fit-Zeugnis als Ersatz für eine interne schulische Prüfung. Im besten Fall befreit das Absolvieren des international anerkannten A2-Zertifikats von einer schulischen Abschlussprüfung.

Prototypische jugendliche Teilnehmende
Jugendliche Teilnehmende, die das Goethe-Zertifikat A2 *Fit in Deutsch* ablegen möchten, sind etwa 15 Jahre alt, lernen Deutsch als zweite Fremdsprache nach Englisch, besuchen die Klasse 8, 9 oder 10 und streben das Zertifikat als prestigereichen externen Leistungsnachweis an.

3.2 Erwachsene

Während das A1-Niveau aufgrund der Gesetzgebung zum Ehegattennachzug stark nachgefragt wurde, fanden sich für das A2-Niveau weltweit weniger Interessenten, da diese Prüfung in keinem vergleichbaren Anerkennungskontext eine Rolle spielt. Bezeichnend ist jedoch der ständige Zuwachs an Teilnehmenden seit der Einführung der Prüfung.

Alter der Prüfungsteilnehmenden
Über die Hälfte der erwachsenen Erprobungsteilnehmenden war zwischen 20 und 30 Jahre alt. Eine relativ große Gruppe der Teilnehmenden war sogar zwischen 30 und 50 Jahre alt. Etwa gleich groß war die Gruppe der jungen Erwachsenen zwischen 16 und 20 Jahren.

Herkunftsländer und Muttersprachen der Prüfungsteilnehmenden
Die Schwerpunktländer der Erwachsenenprüfung A2 unterscheiden sich von denen der Jugendprüfung. Teilnehmerstärkstes Land war 2014 Indien, gefolgt von Korea, der Türkei, Mexiko, Vietnam und China. Der sprachliche Hintergrund der Teilnehmenden ist vielgestaltig. Bei den Erprobungen der letzten Jahre bildete die größte Sprachgruppe unter den Erwachsenen die türkischsprachige, gefolgt von Chinesisch, Arabisch, Englisch, Spanisch und Thai als Muttersprachen.

Motive für eine Prüfungsteilnahme
Für erwachsene Teilnehmende ist eine A2-Prüfung eine Zwischenstation auf dem Weg zum Studium oder einer Ausbildung in Deutschland.

Prototypische erwachsene Teilnehmende
Erwachsene A2-Teilnehmende sind zwischen 20 und 30 Jahre alt, lernen Deutsch als zweite Fremdsprache nach Englisch, verfügen über eine Hochschulbildung oder streben diese an und brauchen das Zertifikat langfristig gesehen aus beruflichen Gründen.

4 Konzeption der Prüfung

Der Prüfung *Goethe-Zertifikat A2* basiert auf dem Ansatz des *Gemeinsamen europäischen Referenzrahmens* sowie neueren Ansätzen der Testforschung.

4.1 Sprachniveau A2

Der Prüfung *Goethe-Zertifikat A2* liegt die Kompetenzbeschreibung A2 zugrunde. Dort wird die sprachliche Kompetenz von Lernenden global und im Detail in Form von sprachlichen Aktivitäten und Fertigkeiten definiert. Die Prüfungsaufgaben wurden auf Grundlage dieser Kompetenzbeschreibungen entwickelt. [27]

Die Niveaustufen A1 und A2 stehen für „elementare Sprachverwendung" und sind somit nach oben hin abgegrenzt zu den Stufen B1 und B2, die die „selbstständige Sprachverwendung" beschreiben. Die Globalbeschreibung der Niveaustufe A2 lautet wie folgt: [28]

- Kann Sätze und häufig gebrauchte Ausdrücke verstehen, die mit Bereichen von ganz unmittelbarer Bedeutung zusammenhängen (z. B. Informationen zur Person und zur Familie, Einkaufen, Arbeit, nähere Umgebung).
- Kann sich in einfachen, routinemäßigen Situationen verständigen, in denen es um einen einfachen und direkten Austausch von Informationen über vertraute und geläufige Dinge geht.
- Kann mit einfachen Mitteln die eigene Herkunft und Ausbildung, die direkte Umgebung und Dinge im Zusammenhang mit unmittelbaren Bedürfnissen beschreiben.

Im Unterschied zu dem Niveau A1 sind Sprechende auf Niveau A2 in der Lage, die Mehrzahl der im Alltag sich stellenden Anforderungen zu bewältigen, wenn auch mit ständig spürbaren Einschränkungen. Unterstützung ist durchweg notwendig. Einige Beispiele für detaillierte Kann-Beschreibungen auf der Stufe A2: [29]

---

[27] Einschränkend ist jedoch daran zu erinnern, dass der *Referenzrahmen* für die Zielgruppe der Erwachsenen konzipiert wurde, sodass diese Lücke für Jugendliche durch die Testentwickler geschlossen werden musste. Überdies kann das Testformat nicht alle Kann-Beschreibungen des *Referenzrahmens* abdecken, da nicht alle sprachlichen Handlungen in Prüfungsaufgaben realisierbar sind. Umgekehrt beschreiben die Kann-Beschreibungen ein Niveau nicht erschöpfend, sondern illustrieren dieses beispielhaft.
[28] Europarat (2001), S. 35
[29] Kapitel 5.4

Verstehen: Lesen	Verstehen: Hören
Kann	**Kann**
■ ganz kurze, einfache Texte lesen, in einfachen Alltagstexten (z. B. Anzeigen, Prospekten, Speisekarten oder Fahrplänen) konkrete, vorhersehbare Informationen auffinden; ■ kurze, einfache persönliche Briefe verstehen.	■ einzelne Sätze und die gebräuchlichsten Wörter verstehen, wenn es um persönlich wichtige Dinge geht (z. B. sehr einfache Informationen zur Person und zur Familie, Einkaufen, Arbeit, nähere Umgebung); ■ das Wesentliche von kurzen, klaren und einfachen Mitteilungen und Durchsagen verstehen.

Schreiben	Sprechen
Kann	**Kann**
■ kurze, einfache Notizen und Mitteilungen schreiben; ■ einen ganz einfachen persönlichen Brief schreiben, z. B. um sich für etwas zu bedanken.	■ sich in einfachen, routinemäßigen Situationen verständigen, in denen es um einen einfachen, direkten Austausch von Informationen und um vertraute Themen und Tätigkeiten geht; ■ ein sehr kurzes Kontaktgespräch führen, aber normalerweise nicht genug verstehen, um selbst das Gespräch in Gang zu halten; ■ mit einer Reihe von Sätzen und mit einfachen Mitteln z. B. eigene Familie, andere Leute, seine/ihre Wohnsituation seine/ihre Ausbildung und seine/ihre gegenwärtige oder letzte berufliche Tätigkeit beschreiben.

Abbildung 9: Raster zur Selbstbeurteilung Niveau A2 [30]

4.2 Kommunikative Kompetenz und Handlungsorientierung

Die Prüfung *Goethe-Zertifikat A2* basiert auf dem handlungsorientierten Ansatz. Sprachverwendende werden als individuell und gesellschaftlich Handelnde betrachtet, die kommunikative Aufgaben (tasks) bewältigen. Ziel des Goethe-Zertifikats A2 ist es, kommunikative Kompetenz zu überprüfen. [31] Dazu werden kommunikative Aufgaben gestellt, zu deren Bewältigung die Teilnehmenden sprachlich aktiv werden. Auf der Grundlage dieser Realisierungen wird festgestellt, ob Lernende die für das Niveau A2 typischen kommunikativen Kompetenzen und Strategien anwenden.

Kommunikative Kompetenz setzt sich zusammen aus grammatischem, lexikalischem, funktionalem, soziolinguistischem und textsortenbezogenem Wissen. [32]

---
30 Europarat (2001), S. 36
31 Die Prüfung stützt sich auf die Modelle von Canale (1983), Swain (1980), Bachman (1990), (1996), Bachman / Palmer (2010) und Weir (2005) sowie den Referenzrahmen (2001).
32 Das Textsortenwissen wird bei Bachman / Palmer (2010), S. 44 ff. als „knowledge of genres" berücksichtigt.

Bei der Bewältigung der Prüfungsaufgaben müssen die Teilnehmenden auf diese Teilkompetenzen zurückgreifen. Beispielsweise sollen sie beim Lesen eines Textes nicht nur die Wörter verstehen und beim Schreiben einer E-Mail nicht nur regelkonforme Sätze bilden können. Vielmehr müssen sie beim Lesen auch wissen, wie beispielsweise ein Stelleninserat oder ein Wegweiser in einem Kaufhaus organisiert ist. Bei der Mail-Korrespondenz müssen sie soziolinguistisch angemessene Ausdrucksweisen verwenden können. Bei einem Gespräch zur Entscheidungsfindung müssen sie sprachlich ein gemeinsames Ziel aushandeln können. Die Prüfungsteilnehmenden benötigen also neben sprachlichem Wissen im engeren Sinne insbesondere text- und gesprächsorganisatorisches sowie pragmatisches und soziolinguistisches Wissen.

Die in der Prüfung angebotenen Aufgaben lassen sich vier Lebensbereichen zuordnen: dem privaten, öffentlichen und dem Bildungsbereich respektive für Erwachsene dem beruflichen Bereich. [33] Das *Goethe-Zertifikat A2* orientiert sich an der im *Referenzrahmen* vorliegenden Liste und hält sich bei der konkreten Auswahl der Situationen an die Bedürfnisse der in Kapitel 3 beschriebenen Zielgruppen. [34]

In Zusammenhang mit den Lebensbereichen stehen die kommunikativen Aufgaben und Ziele, die die Lernenden zu bewältigen haben. [35] Diese Aufgaben und Ziele kann man Kommunikationsbereichen zuordnen, die unabhängig von thematisch definierten Kontexten eine große Rolle spielen. Für das *Goethe-Zertifikat A2* sind folgende „übergreifende" Kommunikationsbereiche relevant: [36]
- Informationsaustausch
- Bewertung, Kommentar
- Handlungsregulierung
- Soziale Konventionen
- Redeorganisation und Verständigungssicherung

4.3 Themen für Erwachsene und Jugendliche

Bei der Auswahl für die Prüfungsaufgaben wird darauf geachtet, dass die Themen den Bedürfnissen der oben beschriebenen Zielgruppen entsprechen und kein Fachwissen oder spezifisches Weltwissen vorausgesetzt wird. [37] Die Inhalte werden soweit wie möglich geschlechtsneutral ausgewählt und sollen nicht bestimmte Teilzielgruppen bevorzugen. Wissen historischer Art wird nicht überprüft. Landeskundliche Aspekte spielen in der Prüfung in Hinblick auf die Authentizität der Texte und Aufgabenstellungen eine Rolle. Landeskundliches Wissen ist jedoch, sofern es unvermeidliche Voraussetzung ist, beim Lese- und Hörverstehen nicht lösungsrelevant und soll bei der schriftlichen und mündlichen Interaktion/Produktion nicht in die Leistungsbeurteilung einfließen. Auch interkulturelle Kompetenzen werden nicht explizit getestet; sie sind aber für die produktiven Prüfungsleistungen dann wichtig, wenn sie sprachlich fassbar werden. Konkret ist das beispielsweise beim Prüfungsteil Schreiben der Fall, wo die Teilnehmenden sich etwa für eine Verspätung entschuldigen sollen.

---
33 Europarat (2001), S. 52 f.
34 Europarat (2001), S. 54
35 Europarat (2001), S. 59 f.
36 Europarat (2001), S. 59 f.
37 Europarat (2001, S. 58; weitere Bezugswerke sind Profile Deutsch. Thematischer Wortschatz A1 – B2; 2005, S. 216 ff. Start Deutsch, Prüfungsziele, Testbeschreibung. 2003, Kapitel 6, Seite 104 ff. Fit in Deutsch 2, Prüfungsziele, Testbeschreibung. 2004, Kapitel 8.5, Seite 51 ff.

4.4 Kommunikative Aktivitäten und Strategien

Aus den im *Referenzrahmen* genannten kommunikativen Sprachaktivitäten Rezeption, Produktion, Interaktion und Sprachmittlung werden im *Goethe-Zertifikat A2* die Aktivitäten Rezeption schriftlich und mündlich *(Lesen* und *Hören)*, Produktion mündlich *(Sprechen)* sowie Interaktion schriftlich und mündlich *(Schreiben* und *Sprechen)* überprüft. Bei der Entwicklung der Testaufgaben wurden vor allem die Skalen aus Kapitel 3 bis 5 herangezogen.[38] In diesen Skalen geht es um die Fragen:
- Was können Prüfungsteilnehmende auf der Stufe A2?
- Welche Aktivitäten sind typisch für dieses Niveau?

Es wurde nur mit ganzen Niveaustufen gearbeitet. Die in einigen Skalen vorhandene Unterteilung in einen oberen und einen unteren Bereich der Stufe, die in der Literatur als A2+ bzw. A2.1 und A2.2 benannt ist, wurde für die Skalierung nicht eingesetzt.

In den Prüfungsteilen stehen die folgenden Aktivitäten im Zentrum:

Fertigkeit	Teil	Gemeinsamer europäischer Referenzrahmen
Lesen	1	Leseverstehen allgemein
	2, 4	Zur Orientierung lesen
	3	Korrespondenz lesen und verstehen
Hören	1	Ankündigung, Durchsagen und Anweisungen verstehen
	1	Radiosendungen und Tonaufnahmen verstehen
	2, 3	Gespräche zwischen Muttersprachlern verstehen
	4	Hörverstehen allgemein
Schreiben	1, 2	Schriftliche Interaktion allgemein; Korrespondenz, Mitteilungen
Sprechen	1	Mündliche Interaktion allgemein; Kontaktgespräche
	2	Mündliche Produktion allgemein; Informationsaustausch
	3	Informelle Diskussion und Besprechungen

Abbildung 10: Kommunikative Sprachaktivitäten im *Goethe-Zertifikat A2*

Ausgangspunkt für die Entwicklung der Bewertungskriterien zu *Schreiben* und *Sprechen* waren vor allem die Skalen aus Kapitel 5 des *GER*.[39] In diesen Skalen geht es um die Frage: Wie gut können Prüfungsteilnehmende etwas auf der jeweiligen Stufe?

Spektrum sprachlicher Mittel
Wortschatzspektrum und -beherrschung
Flüssigkeit
Soziolinguistische Angemessenheit
Kohärenz und Kohäsion
Grammatische Korrektheit
Beherrschung der Aussprache und Intonation
Beherrschung der Orthografie

Abbildung 11: Qualitative Aspekte bei den Bewertungskriterien im *Goethe-Zertifikat A2*

---
[38] Europarat (2001), S. 33 f.
[39] Europarat (2001), S. 110 ff.

Grundlagen der Bewertung, wie gut Teilnehmende die Aufgaben bewältigen, sind der Beurteilungsraster mit den Beschreibungen sprachlichen Könnens in Tabelle 3 des *Referenzrahmens* [40] sowie die Deskriptoren zu den linguistischen Kompetenzen in Kapitel 5.

Wenn Teilnehmende die Prüfungsaufgaben bearbeiten, greifen sie auf eine Reihe von Strategien zurück. Das können zum einen Strategien wie Kompensationsstrategien sein, z. B. um Lücken in der eigenen Ausdrucksfähigkeit durch Anwendung von Paraphrasen und Synonymen zu überbrücken, zum anderen sind es Aktivitäten und kognitive Strategien wie die Informationsverarbeitung, metakognitive Strategien der Planung, Überwachung und Evaluation sowie soziale Strategien der Kommunikation. Entsprechende Modelle gehen auf Bachman/Palmer (1996) und den Referenzrahmen zurück. Die aufgeführten Kommunikations- und Kompensationsstrategien sollten nicht ausschließlich als Versuch verstanden werden, sprachliche Defizite oder fehlgeschlagene Kommunikation auszugleichen. Denn auch Muttersprachler setzen regelmäßig kommunikative Strategien ein, um „ans Ziel zu kommen", d. h. um kommunikative Aufgaben erfolgreich zu lösen.

Rezeption	Kann sich eine Vorstellung von der Gesamtaussage kurzer Texte und Äußerungen zu konkreten, alltäglichen Themen machen und die wahrscheinliche Bedeutung unbekannter Wörter aus dem Kontext erschließen.
Interaktion	Kann aus seinem/ihrem Repertoire ein nicht ganz passendes Wort verwenden und durch Gesten klar machen, was er/sie meint.
	Kann durch Zeigen das Gemeinte identifizieren ('Ich möchte das da, bitte').
	Kann noch einmal neu ansetzen und eine andere Taktik benutzen, wenn die Kommunikation zusammenbricht.
	Kann einfache Mittel anwenden, um ein kurzes Gespräch zu beginnen, in Gang zu halten und zu beenden.
	Kann im direkten Kontakt ein einfaches, begrenztes Gespräch beginnen, in Gang halten und beenden.
	Kann jemanden ansprechen.
	Kann anzeigen, wann er/sie versteht. Kann sehr einfach um Wiederholung bitten, wenn er/sie etwas nicht versteht.
	Kann mithilfe von fertigen Wendungen darum bitten, nicht verstandene Schlüsselwörter zu klären.
	Kann sagen, dass er/sie etwas nicht versteht. [41]

Abbildung 12: Kommunikative Strategien zum Goethe-Zertifikat A2

Bei der Wertung von Kandidatenleistungen ist zu berücksichtigen, inwieweit Teilnehmende bei der Bewältigung kommunikativer Aufgaben dem Sprachniveau angemessene Strategien einsetzen. Der erfolgreiche Einsatz zum Beispiel von Selbstkorrektur oder Bitte um Wiederholung ist beim Kriterium der Aufgabenbewältigung als Indiz für Selbstständigkeit beim (fremd-)sprachlichen Handeln zu werten.

---
40 Europarat (2001), S. 37 f.
41 Kapitel 4.4.2.4. Seite 70-71 und 4.4.3.5. S. 88-89

4.5 Prüfungen für Jugendliche und Erwachsene im Vergleich

Bei der Revision der A2-Prüfungen für Erwachsene und Jugendliche wurde eine Angleichung der sprachlichen Grundlagen sowie der Prüfungsformen und -inhalte der vormals unterschiedlichen Formate vorgenommen. Nachfolgend werden die Gemeinsamkeiten und die verbleibenden Unterschiede vorgestellt.

4.5.1 GEMEINSAMKEITEN

In beiden Prüfungen werden die gleichen kommunikativen Aktivitäten getestet und auch die Art der Überprüfung dieser Aktivitäten sowie die Gewichtung der Prüfungsteile sind identisch. Die kommunikativen Aktivitäten beziehen sich auf die gleichen Textsorten. In beiden Prüfungen identisch ist auch das Sprachniveau A2. Diese Aussage bezieht sich nicht nur qualitativ auf die Deskriptoren des GER, sondern auch auf die nach durchgeführten Erprobungen mögliche statistisch messbare Schwierigkeit von Aufgaben. Die Bestehensgrenze ist bei beiden Versionen gleich definiert: Erreicht werden müssen 60 % der möglichen Punkte insgesamt. Die Prüfungsleistungen werden mit der gleichen Zertifikatsurkunde bestätigt. Zum Wortschatz und zur Grammatik in den Texten und Aufgaben der beiden Prüfungen sind die Kataloge in Kapitel 6 für beide Prüfungen verbindlich. Der Kernbereich des Wortschatzes ist für jugendliche und für erwachsene Lernende gleichermaßen relevant.

4.5.2 UNTERSCHIEDE

Alter: Die Jugendprüfung ist für Teilnehmende im Alter ab 12 Jahren einsetzbar, die Altersobergrenze wird je nach Nachfrage vor Ort flexibel gehandhabt.

Domänen: Bei der Jugendprüfung spielen neben dem privaten und öffentlichen Bereich Erfahrungen mit dem Bildungswesen eine wichtigere Rolle, bei Erwachsenen wird in Prüfungsaufgaben die berufliche Domäne stärker akzentuiert. Entsprechend werden die Situationen, Sprech- und Schreibanlässe, Themen und Texte der Prüfung ausgewählt.

Jugendsprache: Bei den Texten zum Lese- und Hörverstehen sowie bei den Anweisungen wird deutsche Standardsprache verwendet. In den Texten kommen kaum Ausdrücke vor, wie sie in Lexika der Jugendsprache verzeichnet sind, sie enthalten aber kürzere, gelegentlich elliptische Sätze und parataktische Strukturen sowie Modal- bzw. Abtönungspartikel wie „so" und sog. ‚intensivierte Adjektiv-Phrasen' wie „richtig". Bei der Jugendprüfung werden die Teilnehmenden in der Du-Form angesprochen („schreib", „wähle" usw.). Dies ist konventioneller Sprachgebrauch unter Jugendlichen im deutschsprachigen Raum. Jugendsprache spielt bei der Bewertung der mündlichen und schriftlichen Leistungen in der Prüfung dagegen kaum eine Rolle, da diese nicht unterrichtet wird und daher die Verwendung durch Teilnehmende äußerst selten ist. Wenn in mündlichen und schriftlichen Leistungen von Jugendlichen hin und wieder jugend- bzw. gruppensprachliche Besonderheiten auftauchen, etwa im lexikalischen Bereich, gibt es dafür keinen Punkteabzug.

Sprachliche Handlungsmuster: Bei den Prüfungsteilen Sprechen treten Unterschiede im Verhalten zwischen Jugendlichen und Erwachsene zutage. Diese beruhen darauf, dass es in Gesprächen unter Jugendlichen charakteristische Abläufe und Muster gibt. Jugendliche äußeren sich häufig in Prüfungen knapper. Überdies scheinen sie in der Realität mit Mustern freier und spielerischer umzugehen als Erwachsene. [42] Für Jugendliche ist eine

---

[42] vgl. Zertifikat Deutsch für Jugendliche, herausgegeben von Goethe-Institut, Österreichisches Sprachdiplom, Deutsch, Schweizerische Konferenz der kantonalen Erziehungsdirektoren, Weiterbildungs-Testsysteme GmbH, (2005), S. 12 ff.

elliptisch andeutende Sprechweise kennzeichnend. Diese hat damit zu tun, dass sich die Teenager, die in der Prüfung zusammen geprüft werden, kennen und im Gespräch gemeinsames Vorwissen voraussetzen können.

Im Vergleich zu Gesprächen unter Erwachsenen unterscheiden sich die Diskursphasen, -elemente und -strategien sowie die Sprachintentionen der Jugendlichen kaum. Unterschiede betreffen eher die Art der Realisierung von Intentionen und die Verwendung von bestimmten Wörtern und Wendungen.

Themen: Bei den gewählten Inhalten der Texte, die gehört, gelesen, geschrieben und gesprochen werden, spielt die Erfahrungswelt und die Alltagsnähe eine entscheidende Rolle. [43] Die Themen sollen Jugendliche in ihren Bedürfnissen ansprechen. In der Jugendvariante kaufen sie beispielsweise eher Schulsachen, Unterhaltungsmedien oder Spiele als Haushaltswaren. Sie kommunizieren eher mit Freunden, Lehrern, Eltern und Klassenkameraden als mit Kollegen. Freilich kommunizieren auch sie im öffentlichen Leben beispielsweise mit Verkäufern, Schaffnern etc. Befragungen von Lernenden und Lehrenden [44] zeigen eine Beliebtheitsreihenfolge von Themenfeldern mit „Freizeit und Unterhaltung" auf dem ersten Platz:

1. Freizeit und Unterhaltung (z. B. mein Hobby, Sport, Partys, Musik, Disco)
2. Medien (z. B. Computer, Internet, Fernsehen, Spiele)
3. Ferien und Reisen (z. B. Ferien allein oder mit Familie, Ferienjobs)
4. Gefühle (z. B. Freundschaft, Liebe, Angst)
5. Meine eigene Person (z. B. wer ich bin, wo ich lebe, was ich mache usw.)
6. Kommunikation (z. B. Handy, SMS, E-Mail, Chats, Gespräche)
7. Ausbildung und Beruf (z. B. was ich später machen möchte)
8. Andere Menschen und Kulturen (z. B. wie die Menschen in anderen Ländern leben)
9. Familie und persönliche Beziehungen (z. B. meine Eltern und Geschwister, meine Freunde)
10. Körper und Gesundheit (z. B. gesundes Essen, Mode, Haare färben)
11. Wohnen (z. B. mein Zimmer, meine Stadt, wo ich wohnen möchte)
12. Natur und Umwelt (z. B. Tiere, was wir für die Umwelt tun können)
13. Schule (z. B. meine Schule, meine Klasse, Lehrer, Noten, Lieblingsfächer)
14. Geschäfte und Konsum (z. B. Taschengeld, wofür ich Geld ausgebe)
15. Essen und Trinken (z. B. mein Lieblingsessen)
16. Gesellschaft (z. B. Jugendclubs, Führerschein, Ferienjobs)

---

43 Mercator-Stiftung (2013) Qualität von Sprachstandsverfahren im Elementarbereich. www.migazin.de/2013/11/22/studie-sprachstandstests-mehrsprachigkeit-kindern/
44 Durchgeführt im Rahmen der Erprobungen des Zertifikats Deutsch für Jugendliche (ZDj) 2005.

5 Erläuterung der Prüfungsteile

In diesem Kapitel werden die Teile der Prüfung – *Lesen, Hören, Schreiben* und *Sprechen* – detailliert vorgestellt. Die vier Unterkapitel folgen einer einheitlichen Struktur, um eine bessere Übersicht zu ermöglichen. Bei jedem Teil wird in fertigkeitsspezifischer Differenzierung des allgemeinen theoretischen Rahmens das Konstrukt erläutert, das der Aufgabe zugrunde liegt. Mittels Zitat der Kompetenzbeschreibungen des *Referenzrahmens* wird die Niveau-Erwartung transparent. Die anvisierten Prüfungsziele und -formen werden in Form eines Überblicks und dann im Einzelnen für alle Aufgaben gegeben. Die Aufgaben selbst werden anhand von Beispielen aus den Modellsätzen für Erwachsene und Jugendliche erklärt und, bei den produktiven Fertigkeiten, mit Leistungen aus der Erprobung illustriert. Schließlich wird erläutert, wie Teilnehmerleistungen ausgewertet bzw. bewertet werden.

5.1 Lesen

Lesen ist eine rezeptive Sprachaktivität, bei der schriftliche Texte vom Leser visuell empfangen und kognitiv verarbeitet werden. [45] Der Begriff Lesen bezieht sich sowohl auf den Vorgang oder Prozess des Lesens (Verstehen) als auch auf das Ergebnis oder Produkt des Lesens (Verständnis). Lesen setzt u. a. visuelle, orthografische, lexikalische, grammatische, pragmatische und soziolinguistische Fähigkeiten und Kenntnisse voraus. [46]

Das *Goethe-Zertifikat A2* legt ein integratives Testkonstrukt des Lesens zugrunde. Dieses basiert auf der funktional-handlungsorientierten und der psycholinguistischen Modellierung des Lesens. Aus funktionaler, handlungsorientierter Sicht kann man Lesen mit dem *Referenzrahmen* als soziale, kommunikative Sprachaktivität beschreiben, die zum Ziel hat, eine in der Realität existierende Aufgabe zu bewältigen. Dazu zählen zum Beispiel die folgenden Handlungsabsichten:
- Information aus digitalen Nachrichten entnehmen
- in einem Veranstaltungsprogramm eine Auswahl treffen
- Angebote für Ferienjobs finden

Lesen ist aus psycholinguistischer Sicht als konstruktive kognitive Interaktion zwischen Leser und Text definiert. Indem textbasierte und wissensgeleitete kognitive Prozesse „im Kopf" von Lesenden interagieren, wird Information verarbeitet, ein mentales Modell des Gelesenen aufgebaut, neues Wissen geschaffen und in bestehendes Wissen integriert.

---
[45] vgl. Glaboniat e.a. (2013) Kapitel 6.1, S. 59 ff.; Europarat (2001), S. 74
[46] Ehlers (1998), (2006); Lutjeharms (2010)

Bei der Definition des Konstrukts Lesen des *Goethe-Zertifikats A2* wurde das Modell von Khalifa/Weir [47] zugrunde gelegt. Es umfasst drei Komponenten: einen zentralen Prozessor, Wissensressourcen und einen Monitor. Im Prozessor durchläuft der visuelle Input von der Worterkennung über die syntaktische Satzanalyse bis hin zur Bildung eines mentalen Modells sieben Verarbeitungsstufen, die zum Teil gleichzeitig aktiv sind. Die einzelnen Prozesse greifen auf lexikalisches, syntaktisches, inhaltlich-thematisches und textsortenbezogenes Wissen zurück. Abhängig davon, ob ein globales oder ein detailliertes Verständnis erreicht werden soll, wird der Text unterschiedlich schnell und genau gelesen. Wie viel man von einem Text aufnimmt, hängt von den Interessen des Lesenden ab. Kommunikative Leseziele sind beispielsweise das Erfassen der globalen Aussage eines Zeitschriftenartikels, das Auffinden bzw. Nachvollziehen von Details eines Jobangebots. Solchen Zielen lassen sich – schwerpunktmäßig – verschiedene mentale Prozesse zuordnen:

- Erfassen der globalen Aussage – überfliegendes Lesen;
- Auffinden spezifischer Details – selektives oder orientierendes (und genaues) Lesen;
- Nachvollziehen von Details – sorgfältiges (und genaues) Lesen.

Mit Weir (2005) können diese mentalen Prozesse als Lesestile begriffen und in zwei Hauptgruppen eingeteilt werden: Sorgfältig-genaues Lesen hat ein detailliertes, umfassendes Verständnis eines Textes oder eines Satzes zum Ziel. Diese tiefe Verarbeitungsebene wird erreicht durch ein relativ langsames, gründliches, lineareres, schrittweises Vorgehen. Beim erkundend-selektiven Lesen hingegen sollen möglichst schnell und effizient bestimmte Textstellen aufgefunden und verstanden werden. Dazu wird ein Text nicht von Anfang bis Ende gelesen, sondern der Lesende sucht darin gezielt nach spezifischen Informationen oder Wörtern. Welcher Text wie genau gelesen wird, wird von der Textsorte mitbestimmt: Ein Verzeichnis wird schnell und in der Regel auswählend gelesen, ein Jobangebot zumindest passagenweise sorgfältig und genau.

Für die Aufgabenkonstruktion werden die folgenden Parameter zielgruppenspezifisch sowie niveaubezogen spezifiziert:

- Kontexte: Lebensbereiche, Situationen und Themen
- Aktivitäten: Korrespondenz lesen; zur Orientierung lesen, schriftliche Anweisungen, Information und Argumentation verstehen
- Textsorten: narrative, deskriptive, instruktive, diskontinuierliche
- Ziele: globales, detailliertes und selektives Verstehen
- Stile: sorgfältig-genaues und suchendes Lesen auf Text- und Satzebene

Während die Kontexte des Lesens, die Leseaktivitäten, die Textsorten und bis zu einem gewissen Grad auch die Verstehensziele durch die Testautorinnen und -autoren gesetzt und gezielt variiert werden können, ist das bei den Lesestilen nicht möglich: Hier können Testautoren zwar intendieren, dass ein Text „gescannt" und nicht genau gelesen werden soll. Ob Prüfungsteilnehmende erwartungsgemäß reagieren, ob sie also den Text tatsächlich schnell und nicht genau lesen, bleibt ihnen überlassen. Deshalb wird hier von intendierten Lesestilen gesprochen. [48]

---

[47] 2009, S. 43
[48] vgl. Zertifikat B1 (2013), S. 59 ff.

PRÜFUNGSZIELE · TESTBESCHREIBUNG

Lesefähigkeit auf Niveau A2

In Bezug auf die kognitiven Prozesse ermöglichen die automatisierten Entschlüsselungstechniken es den Lernenden, mit etwas längeren Texten zurechtzukommen. Sie beginnen allmählich, die Bedeutung unbekannter Wörter aus dem Kontext zu erschließen. [49]
Den Niveaubeschreibungen des *Referenzrahmens* folgend können Lesende auf dem Niveau A2 ganz kurze, einfache Texte lesen (z. B. Anzeigen, Prospekte, Speisekarten oder Fahrpläne), darin konkrete vorhersehbare Informationen auffinden sowie einfache persönliche Nachrichten verstehen. [50]

Voraussetzung ist jeweils, dass die Themen vertraut sind und/oder mit den eigenen Interessen in Zusammenhang stehen. Im Unterschied zu den Niveaubeschreibungen für A1 können auf dem A2-Niveau mehr als nur einzelne Wörter und kurze Sätze verstanden werden. Bewältigt werden verschiedene kürzere Texte, deren Inhalte nicht weitestgehend voraussagbar sind. Der Lesewortschatz reicht aber noch nicht aus, um Texte zu verstehen, in denen Ereignisse, Gefühle und Wünsche näher geschildert werden.

Teil	Aktivität	Texttyp	Intendierter Lesestil	Verstehensziel	Format	Items/ Punkte	Zeit
1	Information verstehen	Artikel deskriptiv explikativ	sorgfältig-genau	Hauptaussagen	Mehrfach-Auswahl (3-gliedrig)	5	7,5
2	Anweisung verstehen	Liste instruktiv	suchend selektiv	Einzelheiten		5	7,5
3	Korrespondenz lesen und verstehen	E-Mail narrativ, deskriptiv	sorgfältig-genau	Hauptpunkte und Einzelheiten		5	7,5
4	Zur Orientierung lesen	Anzeige diskontinuierlich	Selektiv, suchend genau	Hauptaussage und Einzelheiten	Zuordnung	5	7,5

Abbildung 13: *Goethe-Zertifikat A2* Prüfungsteil Lesen

Der Prüfungsteil *Lesen* umfasst vier Teile. Die Prüfungsteilnehmenden treten mit unterschiedlichen Kontexten, Aktivitäten, Textsorten, Verstehenszielen und intendierten Lesestilen in Kontakt. Sie sollen zeigen, dass sie (nah-)authentische deutschsprachige Texte aus dem persönlichen, öffentlichen, oder schulischen bzw. beruflichen Alltag lesen und verstehen können.

Die Antwortformate sind geschlossen, d. h. Teilnehmende können aus vorgegebenen Alternativen auswählen. Um die Handlungsabsicht realitätsnah zu simulieren, stehen die Aufgaben vor dem Text. Auf diese Weise wird der intendierte Stil unterstützt. Je nach Aufgabe sollen sie unterschiedliche Vorgehensweisen aktivieren, wobei sorgfältig-genaues Lesen ebenso überprüft wird wie suchendes bzw. selektives. Berücksichtigt werden narrative Texte wie E-Mails, erklärende Zeitungsartikel oder Presseberichte, instruktive Informationstafeln sowie diskontinuierliche Kurztexte wie Anzeigen und Inserate. Die Texte sollen in der Regel zur Entnahme von Informationen gelesen werden.

---
49 Surveylang ESLC Inception Report (2009) S. 41
50 Europarat (2001), S. 36

ERLÄUTERUNG DER PRÜFUNGSTEILE

Jede Aufgabe besteht aus einer Anweisung, einem oder mehreren Inputtexten von unterschiedlicher Länge sowie aus fünf zum Text gehörigen Fragen (Items). Wird ein Aufgabentyp zum ersten Mal verwendet, beginnt der Prüfungsteil mit einem Beispiel, in Teil 3 wurde auf ein Beispiel-Item verzichtet, da der Aufgabentyp aus Teil 1 bereits bekannt ist. In den Items und an lösungsrelevanten Textstellen ist der Prüfungswortschatz durch die im Anhang unter Kapitel 6 befindliche Wortschatzliste definiert. An nicht direkt lösungsrelevanten Textstellen kann der Wortschatz darüber hinaus gehen. Dabei wird erwartet, dass die Teilnehmenden ihre strategischen Kompetenzen einsetzen. [51]

Für die Bearbeitung der 20 Items stehen 30 Minuten zur Verfügung, wobei das Übertragen der Lösungen auf den Antwortbogen Teil der Prüfungszeit ist. Pro Item gibt es also rechnerisch etwa 90 Sekunden Zeit. Die Teilnehmenden entscheiden selbst über die Reihenfolge, in der die Aufgaben gelöst werden. Hilfsmittel wie Wörterbücher oder die Benutzung des Mobiltelefons sind nicht gestattet.

---

[51] vgl. Kapitel 6.3

PRÜFUNGSZIELE · TESTBESCHREIBUNG

Beispiel

Teil 1

Du liest in einer Zeitung diesen Text.

Wähle für die Aufgaben 1 bis 5 die richtige Lösung a , b oder c .

JETZT: die neue Jugend-Zeitung

Eine Zeitung für Jugendliche zwischen 14 und 18 Jahren in Europa. Wir informieren dich in zehn Minuten.

JETZT bietet aktuelle Informationen und lustige Geschichten.

JETZT gibt es nicht im Geschäft, du bekommst die Zeitung jeden Tag online oder am Wochenende per Post direkt zu dir nach Hause.

Struktur von JETZT

Die ersten Seiten informieren über die Tagespolitik.

Es gibt immer ein Interview mit Fotos und Bildern.

Auf den Seiten vier und fünf findet man Artikel über Orte und Städte, die auch auf einer Weltkarte gezeigt werden.

Die Seiten sechs und sieben geben Lesern neueste Informationen zu Themen aus Wissenschaft und Technologie. Diese Seiten können dir und deinen Freunden bei den Hausaufgaben sehr helfen.

In der Mitte der Zeitung findet man das aktuelle Fernsehprogramm. Hier werden auch Filme und Programme vorgestellt, die interessant für dich sind. Auf der letzten Seite gibt es Neues über Promis und deine Lieblingsstars.

Speziell für junge Leserinnen und Leser

JETZT ist ein guter Einstieg in die Presse: Mit uns kannst du beginnen dich über Aktuelles zu informieren. Lerne unsere Zeitung kennen und schreibe uns: Wie findest du JETZT?

Viel Spaß dabei!

Beispiel

0   JETZT ist eine …

  a bekannte Zeitung mit vielen Fotos.
  b Zeitung, die in 10 Minuten online ist.
  ☒ neue Zeitung mit aktuellen Texten.

Abbildung 14: *Goethe-Zertifikat A2, Fit in Deutsch*, Modellsatz Jugendliche, Prüfungsteil Lesen, Teil 1.

Referenzrahmen

Kann aus einfacheren schriftlichen Materialien wie Briefen, Broschüren oder Zeitungsartikeln, in denen Ereignisse beschrieben werden, spezifische Informationen herausfinden. [52]

Prüfungsziel und -form

Die Aufgabe in Teil 1 hat zum Ziel, das Verstehen von Information zu überprüfen. Dazu lesen die Teilnehmenden einen deskriptiv-explikativen Sachtext aus dem öffentlichen, ggf. beruflichen oder schulischen Bereich sorgfältig-genau, um die Hauptaussage und wichtige Einzelheiten zu verstehen. Der Text stammt aus Zeitschriften oder Broschüren und dergleichen und ist circa 200 Wörter lang. Darin werden Sachthemen von allgemeinem Interesse für Jugendliche bzw. Erwachsene behandelt. Während oder nach dem Lesen wählen die Teilnehmenden zu fünf Aussagen oder Fragen jeweils die Antwortoption, die zum Text passt. Für Lesen und Lösen ist eine Bearbeitungszeit von insgesamt circa 7,5 Minuten vorgesehen.

---
[52] Europarat (2001), S. 76

Beispiel

Teil 2

Sie lesen die Informationstafel in einem Kaufhaus.

Lesen Sie die Aufgaben 6 bis 10 und den Text.
In welchen Stock gehen Sie?

Wählen Sie die richtige Lösung a , b oder c .

Kaufhaus Alexa

4. Stock — Bücher, Geschenke, Spielsachen, Freizeittaschen, Koffer, Brieftaschen und Geldbeutel, Café, Friseur- und Nagelstudio, Kunden-WC, Telefon

3. Stock — Handys, Telefone, MP3-Player, CD-Player, DVD-Player, Radios, Fernseher, Computer, Notebooks, Tablets, Software, Drucker, CDs, DVDs, Videospiele, Sportkleidung, Arbeitskleidung

2. Stock — Herrenmode, Nachtwäsche für ihn, Unterwäsche für ihn, Möbel für Wohnzimmer, Bad und Küche, Teppiche, Lampen, Gardinen, Kissen, Decken, Stoffe und Dekoartikel, Handtücher

1. Stock — Damenmode, Nachtwäsche für sie, Unterwäsche für sie, Mode für Kinder und Jugendliche, Babybekleidung, Kinderwagen,

Beispiel

0   Sie suchen ein Sofa.
    a 4. Stock
    ☒ 2. Stock
    c anderer Stock

Abbildung 15: *Goethe-Zertifikat A2*, Modellsatz Erwachsene, Prüfungsteil Lesen, Teil 2.

Referenzrahmen
Kann Einzelinformationen in Listen ausfindig machen (z. B. in einem Straßenverzeichnis oder einem Register) und kann die gewünschte Information herausgreifen (z. B. im Branchenverzeichnis einen Handwerker finden. [53]

Prüfungsziel und -form
Die Teilnehmenden lesen in Teil 2 einen listenartigen Text wie beispielsweise einen Wegweiser im Kaufhaus und entnehmen die in der Aufgabe definierten Informationen, zum Beispiel über die Stockwerke und Abteilungen. Der Text umfasst circa 100 Wörter. Zuerst werden die Aussagen gelesen, die vor dem Text angeordnet sind und dann der Text. Während oder nach dem Lesen kreuzen die Teilnehmenden zu fünf Aussagen die richtige Lösung an. Die Option c: andere Rubrik ist mindestens einmal die richtige Antwort.
Für Lesen und Lösen ist eine Bearbeitungszeit von circa 7,5 Minuten vorgesehen.

---
[53] Europarat (2001), S. 75

PRÜFUNGSZIELE · TESTBESCHREIBUNG

Beispiel

Teil 3

Du liest eine E-Mail.

Wähle für die Aufgaben 11 bis 15 die richtige Lösung a , b oder c .

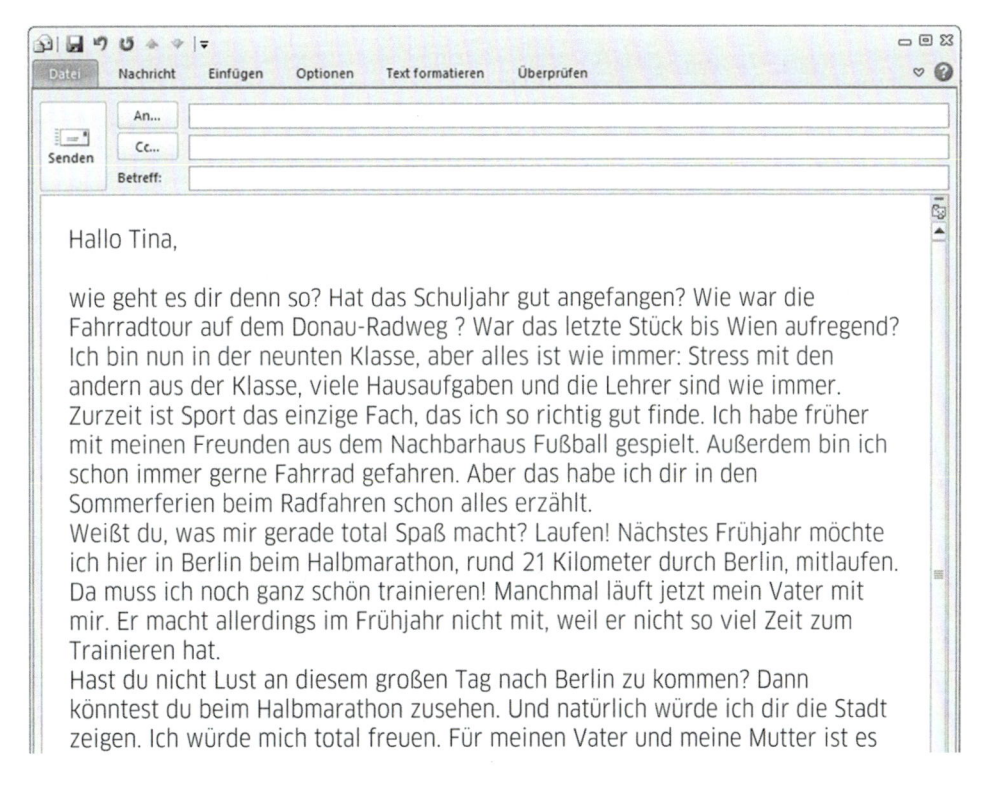

Hallo Tina,

wie geht es dir denn so? Hat das Schuljahr gut angefangen? Wie war die Fahrradtour auf dem Donau-Radweg? War das letzte Stück bis Wien aufregend? Ich bin nun in der neunten Klasse, aber alles ist wie immer: Stress mit den andern aus der Klasse, viele Hausaufgaben und die Lehrer sind wie immer. Zurzeit ist Sport das einzige Fach, das ich so richtig gut finde. Ich habe früher mit meinen Freunden aus dem Nachbarhaus Fußball gespielt. Außerdem bin ich schon immer gerne Fahrrad gefahren. Aber das habe ich dir in den Sommerferien beim Radfahren schon alles erzählt.
Weißt du, was mir gerade total Spaß macht? Laufen! Nächstes Frühjahr möchte ich hier in Berlin beim Halbmarathon, rund 21 Kilometer durch Berlin, mitlaufen. Da muss ich noch ganz schön trainieren! Manchmal läuft jetzt mein Vater mit mir. Er macht allerdings im Frühjahr nicht mit, weil er nicht so viel Zeit zum Trainieren hat.
Hast du nicht Lust an diesem großen Tag nach Berlin zu kommen? Dann könntest du beim Halbmarathon zusehen. Und natürlich würde ich dir die Stadt zeigen. Ich würde mich total freuen. Für meinen Vater und meine Mutter ist es

---

11 Was gefällt Tassilo in der Schule?

a Der Sportunterricht macht ihm Spaß.
b Er findet die Lehrer nett.
c Er freut sich, sein Mitschüler zu sehen.

Abbildung 16: *Goethe-Zertifikat A2*, Modellsatz Jugendliche, Prüfungsteil Lesen, Teil 3.

Referenzrahmen
Kann kurze, einfache persönliche Briefe verstehen. [54]

Prüfungsziel und -form
Die Prüfungsteilnehmenden lesen in Teil 3 einen narrativ-deskriptiven Text aus dem persönlichen Lebensbereich sorgfältig-genau, um die Hauptpunkte und wichtige Einzelheiten zu entnehmen. Beim Text handelt es sich um eine E-Mail im Umfang von rund 230 Wörtern. Während oder nach dem Lesen kreuzen die Teilnehmenden zu fünf Aussagen die richtige Lösung an. Für Lesen und Lösen ist eine Bearbeitungszeit von circa 7,5 Minuten vorgesehen.

---
54 Europarat (2001), S. 75

GOETHE-ZERTIFIKAT A2

Beispiel

Teil 4

Sechs Personen suchen im Internet nach Lokalen.

Lesen Sie die Aufgaben 16 bis 20 und die Anzeigen a bis f .
Welche Anzeige passt zu welcher Person?

Die Anzeige aus dem Beispiel können Sie nicht mehr wählen. Für eine Aufgabe gibt es keine Lösung. Markieren Sie so X .

Beispiel

0   Mareike möchte am Wochenende frühstücken gehen.   d

a   **www.park-cafe.de**

Selbstgemachte Torten, Kuchen und italienisches Eis. Große Sonnenterrasse mit Spielplatz. Alles auch zum Mitnehmen! Täglich außer montags von 14 bis 19 Uhr geöffnet. Bergstraße 7, 89312 Günzburg, Tel. 08221 36152

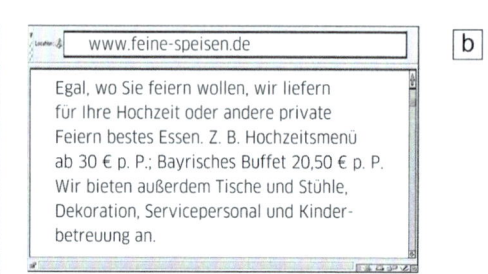

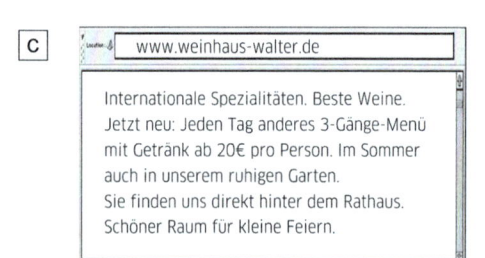

b   **www.feine-speisen.de**

Egal, wo Sie feiern wollen, wir liefern für Ihre Hochzeit oder andere private Feiern bestes Essen. Z. B. Hochzeitsmenü ab 30 € p. P.; Bayrisches Buffet 20,50 € p. P. Wir bieten außerdem Tische und Stühle, Dekoration, Servicepersonal und Kinderbetreuung an.

c   **www.weinhaus-walter.de**

Internationale Spezialitäten. Beste Weine. Jetzt neu: Jeden Tag anderes 3-Gänge-Menü mit Getränk ab 20€ pro Person. Im Sommer auch in unserem ruhigen Garten.
Sie finden uns direkt hinter dem Rathaus. Schöner Raum für kleine Feiern.

www.cafe-sand.de   ☒

Urlaub in der Stadtmitte – Direkt am Fluss, täglich ab 10.00 Uhr geöffnet. Jeden Samstag und Sonntag gibt es das stadtbekannte große Frühstück. Ab Mai jeden Sonnabend Party mit Live-Musik, ab 22 Uhr.
Tischreservierung Tel. 785 43 65

Abbildung 17: *Goethe-Zertifikat A2*, Modellsatz Erwachsene, Prüfungsteil Lesen, Teil 4.

Referenzrahmen
Kann konkrete, voraussagbare Informationen in einfachen Alltagstexten auffinden, z. B. in Anzeigen, Prospekten, Speisekarten, Literaturverzeichnissen und Fahrplänen. [55]

Prüfungsziel und -form
In Teil 4 suchen die Lesenden etwas, zum Beispiel ein geeignetes Lokal, einen Ferienjob o. Ä. Dieses Bedürfnis wird in verschiedenen Ausprägungen fünf Personen zugeschrieben. Die Anliegen von fünf Personen sollen Anzeigen im Internet passgenau zugeordnet werden, wobei eine Person keine Verwirklichung ihres Wunsches findet. Der Umfang der einzelnen sechs Anzeigen liegt bei circa 40 Wörtern, der Gesamtumfang zu lesender Wörter liegt bei maximal 240 Wörtern.
Mit der Aufgabenstellung ist zuerst selektiv-suchendes und anschließend teilweise sorgfältig-genaues Lesen intendiert. Ziel ist es, einen Überblick über die Anzeigen zu gewinnen und anschließend diejenigen genau zu lesen, die für die einzelnen Personen infrage kommen. Überprüft wird das Verstehen mit einem Zuordnungsformat. Alle Anzeigen können nur einmal verwendet werden. Das bedeutet, dass insgesamt eine Anzeige „zu viel" respektive für die Personen nicht relevant ist. Die Bearbeitungszeit für diese Aufgabe beträgt circa 7,5 Minuten.

---
55 Europarat (2001), S. 75

5.2 Hören

Zwischen den Prozessen des Hörverstehens und des Leseverstehens (vgl. Kapitel 5.1) gibt es Parallelen, wobei den sogenannten „Echtzeit-Prozessen" beim Hörverstehen noch größere Bedeutung zukommt als beim Leseverstehen. [56] Beim Hören ist die zu verarbeitende Information flüchtig und unterliegt nicht den gleichen Kontrollmöglichkeiten wie beim Lesen. Während beim Lesen schwierige Textstellen mehrmals oder besonders genau betrachtet oder aber übersprungen werden können, können sich beim Hören Verstehensprobleme ergeben, wenn z. B. schnell oder undeutlich gesprochen wird oder wenn kontextuelles Wissen fehlt. Das gilt für das Hören in der Erst- und in der Fremdsprache. Beim fremdsprachlichen Hörverstehen sind die „Echtzeit-Prozesse" störungsanfällig, weil die linguistischen Ressourcen in der Fremdsprache noch lückenhaft und weniger schnell verfügbar sind als in der Erstsprache. Hinzu kommt, dass Strategien, die nötig sind, um das Hören an die Erfordernisse der Hörsituation, Texte und Aufgabenstellungen anzupassen, nicht ohne Weiteres von der Erst- in die Fremdsprache transferiert werden können. In der Fremdsprache müssen die entsprechenden Strategien erst bewusst gemacht und trainiert werden.

Das *Goethe-Zertifikat A2* legt beim Hören wie beim Lesen ein integratives Testkonstrukt zugrunde. In psycholinguistischer Perspektive wird das Hörverstehen als aktiver und konstruktiver Prozess der Bedeutungsfindung modelliert. [57] Gehörte Texte und Hörerwissen treten dabei, vermittelt durch strategische Kompetenzen, in Interaktion. Bei dieser datengeleiteten Informationsverarbeitung werden phonologisch-prosodische, lexikalische, morphologische und syntaktische Signale des akustischen Datenstroms erkannt, kurzzeitig registriert und der weiteren Verarbeitung zugeführt. Dieses Erkennen bedarf auf Seiten der Hörer mentaler Ressourcen, die es gleichsam „von oben" unterstützen. Solche Ressourcen sind das verfügbare und jeweils aktivierte Sprach-, Schema- und Weltwissen der Hörenden. Die Bedeutung des Gehörten wird sukzessive (re-)konstruiert und in verschiedenen Formen, sprachnahen und eher bildhaften, mental repräsentiert, wobei diese Repräsentationen durch neue Informationen laufend umgestaltet und erweitert werden.

Es ist davon auszugehen, dass der jeweilige Kontext des Hörens, beispielsweise die konkreten materiellen, sozialen und zeitlichen Bedingungen, einen erheblichen Einfluss auf das Verstehen haben. Dies verweist auf die Notwendigkeit, für das Konstrukt Hörverstehen neben psycholinguistischen auch sozio-linguistische Modelle heranzuziehen. In soziolinguistischer Perspektive erscheinen Hörende als Sprachhandelnde, die auf rezeptive und interaktive Kompetenzen zurückgreifen, um mündliche kommunikative Aufgaben ihres Alltags, des öffentlichen und privaten ebenso wie des beruflichen und bildungsbezogenen, zu bewältigen. Die Aufgaben können z. B. darin bestehen, eine Ankündigung im Radio oder eine Durchsage auf dem Bahnhof zu verstehen. Oder es geht darum, muttersprachliche Gesprächspartner in der direkten Interaktion, als Mithörende eines Gesprächs oder als Zuhörende im Publikum, zu verstehen. Mit Bezug auf solche Aufgaben und Rollen definiert der *Referenzrahmen* das Hörverstehen als „rezeptive kommunikative Aktivität", die mit verschiedenen Hör-Absichten verbunden ist. Solche Absichten sind:

- global verstehen (erfahren, was insgesamt gemeint ist),
- selektiv verstehen (eine ganz bestimmte Information erhalten),
- detailliert verstehen (das Gesprochene in allen Einzelheiten verstehen), Schlussfolgerungen ziehen können usw. [58]

---

56 vgl. Glaboniat e.a. (2013) Kapitel 6.2, S. 70 ff.; vgl. u.a. Nold/Rossa (2006), Weir (2005), Rost (2002), Buck (2001), Solmecke (2000)
57 vgl. z. B. Joyce (2011)

Hörstile zu differenzieren hat für Prüfungsteilnehmende erhebliche Relevanz, denn der Grad der Anpassung von Hörstilen an Kontext und Situation ist entscheidend für das erzielte Ergebnis. Geht es darum zu erfahren, was das Thema eines Radiobeitrags ist, sollte anders gehört werden, als wenn das Ziel darin besteht, einem Wetterbericht Informationen über das Regenrisiko von morgen zu entnehmen oder von einem Vortrag möglichst viel mitzubekommen. Im ersten Fall ist globales Verstehen gefragt, im zweiten selektives und im dritten detailliertes.

Die Art des Hörens wird auch, wenngleich weniger deutlich als beim Lesen, von der Textsorte beeinflusst: eine Wegerklärung muss z. B. in der Regel detailliert, eine Radioreportage dagegen nicht zwingend in allen Details verstanden werden.

Auf der Basis dieser Überlegungen werden im Testkonstrukt *Hören* des *Goethe-Zertifikats A2* folgende Parameter angesetzt und zielgruppenspezifisch sowie niveaubezogen in Aufgaben spezifiziert:

- Kontexte: Lebensbereiche, Situationen und Themen
- Aktivitäten: Anweisung aus Ankündigungen, Durchsagen entnehmen, Informationen aus Radiosendungen entnehmen u. Ä.
- Texttypen: kurze und längere monologische und dialogische Texte mit verschiedenen Funktionen, darunter narrative, explikative, deskriptive
- Stile: globales, selektives und detailliertes Verstehen
- Ziele: Verstehen von ausgewählten Informationen und genaues Verstehen von Einzelheiten u. Ä.

Analog zum Teil *Lesen* ist der Hörstil nicht durch die Aufgabenformate beeinflussbar. Zwar lässt sich eine Aufgabe so konstruieren, dass globales Hören nahegelegt wird, aber ob die Testteilnehmenden tatsächlich global hören statt detailliert, lässt sich nicht vorhersagen. Daher werden die Hörstile im Folgenden mit dem Prädikat „intendiert" versehen. [59]

Hörfähigkeit auf Niveau A2

Stärker automatisierte Entschlüsselungstechnik mit Bezug auf vertraute Wortsequenzen ermöglicht es den Lernenden, mit etwas längeren Texten zurechtzukommen. A2-Hörer sind aber immer noch auf geduldige Gesprächspartner angewiesen. [60] Sie greifen zum Verständnis noch oft auf Kontextwissen zurück. Lernende verstehen auf Niveau A2 genug, um Bedürfnisse konkreter Art zu befriedigen. [61]

Sie können das Wesentliche von kurzen, klaren und einfachen Durchsagen und Mitteilungen erfassen sowie Radionachrichten über vertraute Themen verstehen. Voraussetzung ist, dass relativ langsam und deutlich artikuliert und in der Standardsprache gesprochen wird. Im Gegensatz zu Lernenden auf Niveau A1 können A2-Lernende Hörtexte auch dann verstehen, wenn nicht nur einzelne vertraute Wörter und einfachste Sätze gesprochen werden.

---

58 Europarat (2001), S. 71
59 vgl. Zertifikat B1 (2013) S. 70 ff.
60 Surveylang ESLC Inception Report (2009) S. 47
61 Europarat (2001), S. 71f

PRÜFUNGSZIELE · TESTBESCHREIBUNG

Teil	Aktivität	Texttyp	Intendierter Hörstil Verstehensziel	Format	Items/ Punkte	Zeit
1	Ankündigungen, Durchsagen, Anweisungen verstehen	monologisch: privat, öffentlich Radioansagen, Durchsagen, Anrufbeantwortertexte	selektives Hören; Einzelheiten verstehen	5 Texte, zweimal hören Mehrfachauswahl (3-gliedrig)	5	ca. 10
2	Gespräch zwischen Muttersprachlern verstehen	dialogisch, privat Kontaktpflege	detailliertes Hören; Hauptaspekte und Einzelheiten verstehen	1 Text, einmal hören Zuordnung Bild/Text	5	ca. 5
3	Gespräche zwischen Muttersprachlern verstehen	dialogisch, öffentlich: im Geschäft, am Telefon, beim Arzt	selektives Hören; Einzelheiten verstehen	5 Texte, einmal hören Mehrfachauswahl (3-gliedrig) Bild/Text	5	ca. 5
4	Medientext Radiosendung verstehen	dialogisch; öffentlich Interview im Radio	globales und detailliertes Hören; Hauptaussagen und Einzelheiten verstehen	1 Text, zweimal hören Ja/Nein	5	ca. 10

Abbildung 17: *Goethe-Zertifikat A2*, Prüfungsteil Hören

Der Prüfungsteil *Hören* umfasst vier Teile mit insgesamt 20 Items. Die Gesamtlänge des Tonträgers beträgt inklusive aller Anweisungen, Pausen und der Übertragung der Lösungen auf den Antwortbogen circa 30 Minuten. Hilfsmittel wie Wörterbücher oder die Benutzung des Mobiltelefons sind nicht gestattet.

Die einzelnen Aufgaben überprüfen unterschiedliche Aspekte der fremdsprachlichen Hörfähigkeit: Die Prüfungsteilnehmenden werden in verschiedene Situationen versetzt und übernehmen unterschiedliche Hörerrollen, z. B. als Radiohörer, Zuhörer bei einem Alltagsgespräch, Passant im öffentlichen Raum usw. Die Textsorten motivieren verschiedene Verstehensziele und dazu passende Hörstile. Prüfungsteilnehmende sollen zeigen, dass sie von (nah-)authentischen, auf der Basis von Manuskripten gesprochenen deutschsprachigen Texten aus dem persönlichen, öffentlichen, beruflichen oder schulischen Alltag Hauptaussagen und wichtige Einzelheiten verstehen und dazu je nach Aufgabe verschiedene Hörstile aktivieren können, wobei globales und selektives Hören ebenso überprüft werden wie detailliertes. Berücksichtigt werden monologische und dialogische Texte, die zusammen ein breites Spektrum von Sprachfunktionen und Alltagsthemen abdecken. Es gibt Kurztexte mit beschreibender und auffordernder Intention, Gespräche in Alltagssituationen sowie Radiosendungen. Das jeweilige Sprechtempo nimmt Rücksicht auf die Möglichkeiten eines A2-Lernenden.

Die Texte im Teil 2 und 3 werden nur einmal gehört, die im Teil 1 und 4 zweimal. Das zweimalige Hören soll dem Teilnehmenden den Ein- und Ausstieg aus dem Prüfungsteil *Hören* erleichtern bzw. das einmalige Hören soll die Konzentration aufrechterhalten.

ERLÄUTERUNG DER PRÜFUNGSTEILE

Jeder Teil besteht aus einer Anweisung, den Aufgaben und dem Hörtext. Ein Beispiel ist in Teil 2 und 4 vorangestellt, da das Antwortformat noch nicht eingeführt wurde. Der Teil 2 umfasst zusätzlich eine Situierung, die es den Prüfungsteilnehmenden ermöglicht, sich in die jeweilige Hörerrolle hineinzudenken, das intendierte Verstehensziel zu erfassen und dazu passende Hörstile zu aktivieren.

Strukturen und Wortschatz sämtlicher Texte entsprechen dem Niveau A2. In den Items und an lösungsrelevanten Stellen der Hörtexte ist der Prüfungswortschatz durch die Wortschatzliste abgedeckt. An nicht lösungsrelevanten Textstellen kann der Wortschatz über die Wortliste hinausgehen. Dabei wird erwartet, dass die Teilnehmenden ihre strategischen Kompetenzen einsetzen, wozu auch die Anpassung des Hörstils gehört.

Beispiel

Teil 1

Sie hören fünf kurze Texte. Sie hören jeden Text zweimal.
Wählen Sie für die Aufgaben 1 bis 5 die richtige Lösung [a], [b] oder [c].

1 Wo kann man noch parken?

   [a] Am Bahnhof.
   [b] Am Einkaufszentrum.
   [c] Bei der Olympia-Halle.

Aufgabe 1
Eine Information für die Besucher des Basketballspiels heute in der Olympia-Halle: Die Parkplätze in der Nähe sind schon besetzt. Im Parkhaus am Einkaufszentrum gibt es noch freie Plätze. Besucher von außerhalb sollten nicht mit dem Auto kommen. Nehmen Sie die Bahn! Vom Hauptbahnhof gibt es kostenlose Busse zur Olympia-Halle.

Abbildung 18: *Goethe-Zertifikat A2*, Prüfungsteil Hören, Modellsatz Erwachsene

Referenzrahmen
Kann das Wesentliche von kurzen, klaren und einfachen Durchsagen und Mitteilungen erfassen. [62]

Prüfungsziel und -form
Die Prüfungsteilnehmenden hören fünf kurze Texte aus verschiedenen Quellen und Kontexten im Umfang von jeweils circa 50 Wörtern. Sie hören diese Texte zweimal und lösen zu jedem Text eine Aufgabe. Bei den Texten handelt es sich um monologische Kurztexte wie Ansagen, Durchsagen und Anrufbeantwortertexte. Vor dem Hören haben die Teilnehmenden jeweils 15 Sekunden Zeit, die Aufgabe zu lesen und sich in das Thema einzufinden. Das Verständnis wird durch ein dreigliedriges Auswahlformat überprüft.

---
62 Europarat (2001), S. 73

PRÜFUNGSZIELE · TESTBESCHREIBUNG

Beispiel

Teil 2

Sie hören ein Gespräch. Sie hören den Text einmal.
Was haben Julias und Leons Freunde am Wochenende gemacht?

Wähle für die Aufgaben 6 bis 10 ein passendes Bild aus a bis i.
Wähle jeden Buchstaben nur einmal. Sieh dir jetzt die Bilder an.

Person	0 Julia	6 Jenny	7 Diana	8 Stefan	9 Elisabeth	10 Oskar
Lösung	f					

Leon: Hallo Julia, hattest du ein schönes Wochenende?

Julia: Hallo Leon, danke ja! Ich war am Samstagmorgen im Sportclub. Zum Tennis spielen. Mit meinem Bruder.

Abbildung 19: *Goethe-Zertifikat A2*, Prüfungsteil Hören, Modellsatz Jugendliche

Referenzrahmen
Kann im Allgemeinen das Thema von Gesprächen, die in seiner/ihrer Gegenwart geführt werden, erkennen, wenn langsam und deutlich gesprochen wird. [63]

Prüfungsziel und -form
Die Teilnehmenden hören ein informelles Face-to-Face-Gespräch zwischen Freunden, Bekannten oder Familienmitgliedern. Gesprochen wird über alltägliche Themen, wie Freizeitaktivitäten der Freunde. Der Text ist circa 220 Wörter lang und wird einmal gehört. Ziel ist detailliertes Hören, d. h. genaues Verstehen von Hauptpunkten und wichtigen Einzelheiten. Überprüft wird das Verständnis durch eine Zuordnungsaufgabe von gehörtem Text und Bild. Die Teilnehmenden haben vor dem Hören 25 Sekunden Zeit, sich die grafisch dargestellten Auswahlantworten anzusehen.

---
63 Europarat (2001), S. 72

Beispiel

Teil 3

Sie hören fünf kurze Gespräche. Sie hören jeden Text einmal.
Wählen Sie für die Aufgaben 11 bis 15 die richtige Lösung a , b oder c .

15 Wohin soll der Mann gehen?

a   b   c

Aufgabe 15
Frau: Guten Tag, hier ist Messner von der Arztpraxis Vollmer.
Mann: Ja? Guten Tag.
Frau: Ich rufe an wegen Ihrer Krankengymnastik. Sie können nächste Woche Montag und Donnerstag um 16 Uhr kommen.
Mann: Ja, das passt.
Frau: Sie müssen nicht an der Information warten. Gehen Sie direkt in den Sportraum. Und bitte vergessen Sie das Rezept vom Arzt und Ihre Sportkleidung nicht.

Abbildung 20: *Goethe-Zertifikat A2*, Prüfungsteil Hören, Modellsatz Erwachsene

Referenzrahmen
Kann Wendungen und Wörter verstehen, wenn es um Dinge von ganz unmittelbarer Bedeutung geht (z. B. ganz grundlegende Information zur Person, Familie, Einkaufen, Arbeit, nähere Umgebung), sofern deutlich und langsam gesprochen wird. [64]

Prüfungsziel und -form
In Teil 3 hören die Teilnehmenden fünf kurze Gespräche in unterschiedlichen Alltagssituationen im Umfang von jeweils circa 55 Wörtern. Die alltäglichen Situationen ereignen sich im öffentlichen Kontext, wie z. B im Geschäft, in der Schule oder beim Arzt. Jeder Text wird einmal gehört. Das Verständnis wird durch ein dreigliedriges Auswahlformat mit Bildern überprüft. Vor dem Hören haben die Teilnehmenden jeweils 15 Sekunden Zeit, sich die Aufgabe anzusehen und sich in das Thema einzufinden.

---

64 Europarat (2001), S. 72

PRÜFUNGSZIELE · TESTBESCHREIBUNG

Beispiel

Teil 4

Du hörst ein Interview. Du hörst den Text zweimal.
Wähle für die Aufgaben 16 bis 20 Ja oder Nein .
Lies jetzt die Aufgaben.

16 Katja wollte schon als kleines Kind Tennis spielen lernen.
Ja
Nein

Moderator:	Katja, Gratulation. Du hast gewonnen! Du bist jetzt die beste Tennisspielerin in Heidelberg.
Moderator:	Erzähl mal: Wie hat das angefangen?
Katja:	Meine Mutter spielt schon lange Tennis und ich bin immer mit ihr zum Platz und wollte mitspielen und, so mit fünf, habe ich dann einen Tennislehrer bekommen.

Abbildung 21: *Goethe-Zertifikat A2*, Prüfungsteil Hören, Modellsatz Jugendliche

Referenzrahmen
Kann kurzen, langsam und deutlich gesprochenen Tonaufnahmen über vorhersehbare, alltägliche Dinge die wesentliche Information entnehmen. [65]

Prüfungsziel und -form
Die Prüfungsteilnehmenden hören einen dialogischen Text aus den Medien von circa 220 Wörtern Umfang, z. B. ein Radiointerview, eine Talksendung. Sie hören den Text zweimal und sollen Hauptaussagen und Einzelheiten verstehen. Das Verständnis wird durch Aufgaben im Richtig-Falsch-Format überprüft. Vor dem Hören haben die Teilnehmenden 25 Sekunden Zeit, die Aufgaben zu lesen. In dieser Zeit kann die Hörhaltung für den geforderten Hörstil aufgebaut werden.

---
[65] Europarat (2001), S. 73

ERLÄUTERUNG DER PRÜFUNGSTEILE

5.3 Schreiben

Schriftliche Interaktion/Produktion wird im *Goethe-Zertifikat A2* als soziales Handeln gesehen, das in einem bestimmbaren Kontext stattfindet. Nach Hayes (1996) und Hamp-Lyons/Kroll (1997) ist das Schreiben eine Handlung in einem Kontext, die im Hinblick auf einen Empfänger formuliert ist. [66] Der Schreibende hat ein bestimmtes Verhältnis zu dem anvisierten Leser und verfolgt Ziele. Es gibt zwar kein Schreiben ohne Rezipienten, jedoch ist nicht jedes Schreiben eine Interaktion zwischen Schreibenden und Lesenden, Sender und Empfänger im engeren Sinne. Der *Referenzrahmen* sieht daher außer der schriftlichen Interaktion auch die schriftliche Produktion vor.

Das der Prüfung *Goethe-Zertifikat A2* zugrunde gelegte Konstrukt berücksichtigt folgende Parameter:

- Rezipient: Hier geht es um das Verständnis des/der Schreibenden von den Interessen und Erwartungen seines Rezipienten sowie um Kenntnis von sprachlichen Konventionen
- Schreibanlass: Hier geht es darum, welche Situation oder welches inhaltliche Anliegen das Schreiben motiviert,
- Textorganisation: Hier geht es darum, dass Schreibende anders als bei der Rezeption die Verbindungen zwischen ihren Schreibabsichten und den Gedanken, die sie durch ihr Schreiben transportieren, selbst organisieren.
- Wissen: Hier geht es um die Anforderungen, die Schreibaufgaben an das Wissen der Schreibenden stellen. Hierzu gehören sowohl strukturelles als auch pragmatisches Wissen (Bachman/Palmer 1996), Sprach- und Diskurswissen, funktionales und soziolinguistisches Wissen als auch Inhaltswissen.

Dieser sozio-kognitive Ansatz richtet die Aufmerksamkeit sowohl auf kontextabhängige als auch auf kognitive Validität. Zur kognitiven Validität gehört, dass eine Definition der Schreibfähigkeit für eine weltweit durchgeführte Deutschprüfung Alter, Bildungsstand sowie Lese- und Schreibfähigkeit der Zielgruppe von erwachsenen bzw. jugendlichen Schreibenden in der Fremdsprache Deutsch berücksichtigt. Die Prüfung bietet Textsorten und Kontexte an, die der Zielgruppe im realen Alltag begegnen und ihr vertraut sind. Kognitive Verarbeitungsprozesse finden nie in einem Vakuum statt, sondern werden durch die spezifischen kontextuellen Parameter bestimmt, die in der Anweisung dargelegt werden.

Diese Parameter betreffen sowohl die sprachlichen und inhaltlichen Anforderungen, die für eine erfolgreiche Aufgabenbewältigung erfüllt sein müssen, als auch Anforderungen, die sich aus der Aufgabensituierung ergeben. Zur kontextabhängigen Validität gehören das kommunikative Aufgabenziel, z. B. eine Einladung aussprechen oder Ähnliches, und die Spezifizierung des Angesprochenen, z. B. ein Freund, eine Bekannte, eine Vorgesetzte oder Lehrkraft etc. Zur kontextabhängigen Validität gehören auch die zur Verfügung stehende Zeit, die Länge, die Vertrautheit der Schreibenden mit den Kriterien, nach denen sie bewertet werden, die erwartete Länge sowie die erwartete Anrede und Grußformel.

---

66 vgl. Glaboniat e.a. (2017) Kapitel 6.3, S. 80 ff.

Schreibfähigkeit auf Niveau A2

Schreibende auf Niveau A2 können damit beginnen, Schreiben als genuine kommunikative Handlung durchzuführen mit Blick auf ein Ziel und einen Leser. [67] Sie können kurze, einfache Notizen und Mitteilungen schreiben […], z. B. um sich für etwas zu bedanken. [68] A2-Lernende haben allerdings noch Schwierigkeiten, von Erfahrungen und Eindrücken nachvollziehbar zu berichten. Sie können jedoch mehr, als nur einzelne Wörter in Formulare eintragen oder formelhafte Grüße schreiben.

Aufgabe	Aktivität	Texttyp	Domäne	Format	Textlänge	Zeit
1	Interaktion	Kurzmitteilung zur Kontaktpflege im informellen Register (Du-Form)	privat	Teilnehmende schreiben einen kurzen freien Text: beschreiben, begründen, machen einen Vorschlag o. Ä.	20-30 Wörter	15
2		Mitteilung zur Handlungsregulierung im (halb-)formellen Register (Sie-Form)	schulisch/ beruflich öffentlich	Teilnehmende schreiben einen freien Text: reagieren, informieren, nachfragen o. Ä.	30-40 Wörter	15

Abbildung 22: *Goethe-Zertifikat A2*, Prüfungsteil Schreiben

Die Prüfungsteilnehmenden stellen ihre Fähigkeit, auf Deutsch schriftlich zu formulieren, anhand von zwei realitätsnahen Anlässen unter Beweis. Bei beiden Aufgaben geht es um schriftliche Interaktion. Voraussetzung für die Bewältigung der Aufgaben ist das Erfassen der Situation in Bezug zum Adressaten, die Schreibabsicht und die eigene Rolle als Verfasser. Die Prüfungsteilnehmenden zeigen, dass sie unterschiedliche Adressaten soziokulturell angemessen ansprechen können. Sie schreiben eine Nachricht an Freunde und Bekannte im informellen Register „du".

Die zweite Nachricht ist im (halb-)formellen Register zu schreiben. Dabei schreiben Jugendliche etwa an ihnen persönlich bekannte Lehrpersonen oder die Eltern von Freunden, Erwachsene schreiben an Vorgesetzte oder Nachbarn o.Ä. Die zu produzierenden Texte sollen Kurznachrichten (SMS) und E-Mails von geringer Länge sein, d. h. zwischen 20 und 40 Wörtern, die Gesamtlänge beider Texte soll bei 70 Wörtern liegen.

In den zwei Schreibanlässen sollen die Prüfungsteilnehmenden verschiedene sprachliche Aktivitäten bzw. Funktionen realisieren: Sie sollen auf eine Alltagssituation reagieren (z. B. eine Verspätung), einfache Informationen geben oder erfragen, sich entschuldigen, sich bedanken, Bitten vorbringen und einen Vorschlag machen.

---

[67] Surveylang ESLC Inception Report (2009) S. 51: The A2 learner can begin to use writing as a genuine communicative act and thus form a conception of purpose and target reader. She/he can begin to use and adapt syntactic patterns to generate new propositions.
[68] Europarat (2001), S. 36

Beispiel

Teil 1

Sie sind unterwegs in der Stadt und schreiben eine SMS an Ihre Freundin Ekaterini.

- Entschuldigen Sie sich, dass Sie zu spät kommen.
- Schreiben Sie, warum.
- Nennen Sie einen neuen Treffpunkt und eine neue Uhrzeit.

Schreiben Sie 20–30 Wörter.
Schreiben Sie zu allen drei Punkten.

Abbildung 23: *Goethe-Zertifikat A2*, Modellsatz, Erwachsene, Prüfungsteil Schreiben, Teil 1

Referenzrahmen
Kann kurze, einfache Notizen und Mitteilungen schreiben, die sich auf unmittelbare Bedürfnisse beziehen. [69]

Prüfungsziel und -form
In Teil 1 soll ein Text zur Kontaktpflege im privaten Bereich geschrieben werden. Mit der Textsorte SMS wird auf das zeitgemäße Kommunikationsmedium Handy/Smartphone verwiesen, das zum schnellen und gezielten Austausch von Informationen im Alltag genutzt wird. Kommunikationspartner sind Freunde, Bekannte oder Verwandte.
Stilmerkmale der Textsorte SMS sind eine elliptische, parataktische Ausdrucksweise, unverbundene Sprache und eingefügte Emoticons. Die Prüfungsteilnehmenden sollen drei Sprachhandlungen realisieren, z. B. über eine Verspätung informieren und diese Information kommentieren oder die Gründe für die Verspätung erläutern, schließlich einen praktischen Vorschlag in Form eines neuen Treffens inklusive Treffpunkt und Uhrzeit machen.
Die Aufgabenstellung nennt eine Situation, einen/eine Ansprechpartner/-in und drei Handlungsanweisungen. Zu verfassen ist ein der Situation angemessener Kurztext von 20 bis 30 Wörtern, der auf einen Antwortbogen geschrieben wird. Die empfohlene Arbeitszeit für diese Aufgabe beträgt 15 Minuten.

---

[69] Europarat (2001), S. 87

Beispiel

Teil 2

Du bist neu in der Klasse. Deine Deutschlehrerin, Frau Gross, lädt dich ein, am Freitag Nachmittag mit anderen Schülerinnen und Schülern eine Party im Sportzentrum zu organisieren. Schreib Frau Gross eine E-Mail:

- Sage danke und sage, dass du kommst.
- Informiere, wie du helfen willst.
- Frage nach dem Weg.

Schreib 30–40 Wörter.
Schreib zu allen drei Punkten.

Abbildung 24: *Goethe-Zertifikat A2*, Modellsatz Jugendliche, Prüfungsteil Schreiben, Teil 2

Referenzrahmen

Kann einen ganz einfachen persönlichen Brief schreiben und sich darin für etwas bedanken oder entschuldigen. [70]

Prüfungsziel und -form

Bei dieser Aufgabe geht es um die Handlungsregulierung im (halb-)formellen Bereich. Kommunikationspartner sind bei Jugendlichen z. B. die eigene Lehrkraft, bei Erwachsenen sind es Kollegen, Vorgesetzte, Dienstleistende oder dergleichen, die man auf Deutsch mit „Sie" anspricht. Die Prüfungsteilnehmenden schreiben eine Mitteilung in Form einer E-Mail. Demonstriert wird die Fähigkeit, Kommunikationspartner angemessen höflich anzusprechen und z. B. eine angemessene Anrede- und Grußformel zu verwenden. Die Prüfungsteilnehmenden sollen drei Sprachhandlungen realisieren, z. B. sich für eine Einladung bedanken und ihr Kommen zusagen, den Leser informieren, beispielsweise dass er/sie jemanden mitbringt und um eine Information bittet, z. B. nach dem Weg.
Die Aufgabenstellung enthält eine Situation, einen Ansprechpartner und die gewünschte Sprachhandlung. Die Prüfungsteilnehmenden sollen einen der Situation angemessenen, zusammenhängenden schriftlichen Text von 30 bis 40 Wörtern auf einen Antwortbogen schreiben. Die empfohlene Arbeitszeit für diese Aufgabe beträgt circa 15 Minuten.

---

[70] Europarat (2001), S. 86

5.4 Sprechen

Die Fertigkeit Sprechen stellt, ähnlich wie die Fertigkeit Schreiben, eine Verbindung von mehreren Teilfertigkeiten dar. [71] Dabei verbindet mündliche Interaktion das Hören und Verstehen der Beiträge eines oder mehrerer Gesprächspartner mit eigenem Sprechen, mündliche Produktion hat dafür einen höheren Anteil an eigenem Sprechen. Im mündlichen Teil des *Goethe-Zertifikats A2* stellen Teilnehmende ihre Fähigkeit unter Beweis, in realitätsnahen Situationen kommunikativ angemessen zu handeln. [72] Dabei werden neben sprachlichen Kompetenzen wie die Verfügbarkeit von Wortschatz und Grammatik auch Diskurskompetenzen wie Flexibilität, Sprecherwechsel, Themenentwicklung und Kohärenz bewertet. Für das Gelingen der Kommunikation werden drei Phasen der inhaltlich-sprachlichen Verarbeitung unterschieden. [73]

- in Phase 1 wird der Inhalt einer Mitteilung geplant,
- in Phase 2 wird er im Geiste versprachlicht und schließlich
- in Phase 3 als hörbare Mitteilung artikuliert.

Jede Phase birgt eine eigene Herausforderung für die Sprechenden: Die inhaltliche Planung einer Mitteilung setzt das Verstehen des vorangegangenen Inputs des Gesprächspartners voraus. Bei der Versprachlichung der eigenen Mitteilung in der Fremdsprache müssen „richtige" lexikalische, stilistische und morpho-syntaktische Entscheidungen getroffen werden. Die Äußerung muss schließlich so ausgesprochen werden, dass sie für Gesprächspartner verständlich ist. In Phase 3 stellen sich somit Anforderungen in Bezug auf Aussprache, Intonation und Prosodie.

In authentischer Interaktion können zwei weitere Aspekte eine Herausforderung für die Sprechenden darstellen. Der Gesprächsverlauf wird durch das Gegenüber in einer Interaktion in der Regel verändert. Zudem findet meist ein mehr oder weniger planbarer und mehr oder weniger rascher Rollenwechsel zwischen Sender und Empfänger statt. Die Anforderungen, fast gleichzeitig zu rezipieren und zu produzieren, stellen deutlich höhere Ansprüche an sprachlich Handelnde als die zeitlich versetzte Verarbeitung in der schriftlichen Interaktion, beispielsweise in einer E-Mail-Korrespondenz. Zusätzliche Herausforderungen ergeben sich durch emotional begründete Faktoren. In der Prüfungssituation kann beispielsweise Angst entstehen, wegen hörbarer Fehler das Gesicht zu verlieren.

Die Entwicklung des Prüfungsteils Sprechen im *Goethe-Zertifikat A2* erfolgte nach folgenden Prinzipien: die mündliche Sprachhandlungsfähigkeit sollte so direkt wie möglich überprüft werden und zwar in plausiblen, für die Zielgruppe relevanten bzw. für das Niveau A2 typischen und authentischen kommunikativen Situationen. Es sollten Aufgaben bzw. Gesprächsszenarien angeboten werden, zu deren Bewältigung unterschiedliche Sprachfunktionen zum Einsatz gebracht werden. Erreicht wird dies u. a. durch einen Wechsel zwischen Interaktion (Aufgabe 1 und 3) und Produktion (Aufgabe 2), sowie eine Aufnahme verschiedener Sprachfunktionen innerhalb der einzelnen Aufgaben, z. B. bei Aufgabe 2: informieren, berichten.

---

71 vgl. Glaboniat e.a. (2013) Kapitel 6.4, S. 94 ff.;
72 Canale/Swain entwickelten 1980 auf Basis von Hymes' Konzept (Hymes 1972) ein Modell von kommunikativer Kompetenz, das mit besonderem Augenmerk auf das Mündliche die soziolinguistische, die strategische sowie die Diskurskompetenz neben die grammatische (linguistische) Kompetenz stellte. Dieses Modell wurde von Bachman (1990) erweitert, der zwischen organisatorischer Kompetenz (grammatische Kompetenz und Textkompetenz) und pragmatischer Kompetenz (soziolinguistische Kompetenz und illokutionäre Kompetenz) unterscheidet. Bei der Beschreibung letzterer beruft er sich vor allem auf frühere Sprech-Akt-Theorien bzw. auf funktionale Ansätze (Sprachfunktionen) und bezieht sich dabei ebenfalls verstärkt auf mündliche Kompetenzen. In Details abweichend, aber im Aufbau ähnlich ist das Modell des Europäischen Referenzrahmens.
73 vgl. Levelt (1989), Scovel (1998), Bygate (2000); vgl. Zertifkat B1 (2013) S. 94 ff.; vgl. Johnstone (2002)

PRÜFUNGSZIELE · TESTBESCHREIBUNG

Sprechfähigkeit auf Niveau A2
Sprechende auf dem Niveau A2 können an Gesprächen teilnehmen und sich dabei in „routinemäßigen Situationen verständigen, in denen es um einen einfachen, direkten Austausch von Informationen und um vertraute Themen und Tätigkeiten geht."
Zur Kontaktaufnahme können sie ein kurzes Gespräch führen. Sie verstehen noch nicht genug, um selbst das Gespräch in Gang zu halten. [74] Wenn sie Zusammenhängendes vortragen sollen, sind sie dazu in der Lage, mit einfachen Mitteln z. B. ihre Familie, andere Leute, ihre Wohnsituation, Ausbildung oder berufliche Tätigkeit zu beschreiben. Die Abgrenzung zum Niveau A1 bildet zum einen der Grad der Hilfe, die vom Gesprächspartner in Form von Wiederholung oder Umformulierung benötigt wird. Zum anderen ist die Zahl der „unmittelbar notwendigen Dinge" in A2 bereits höher. Gegenüber dem Niveau B1 verfügt ein Sprechender auf A2-Niveau noch nicht über Selbstständigkeit sowie über weniger Breite und Tiefe der Gesprächsthemen aus dem Alltag.

Teil	Aktivität	Texttyp	Domäne	Format	Zeit pro Teilnehmer/in
1	Interaktion: Kontaktaufnahme	Gespräch	privat	mit 4 Wortkarten Fragen stellen und beantworten	1-2 Minuten
2	Produktion: über sich sprechen (Familie, Wohnsituation etc.)	Beschreibung Monologisch/ dialogisch	(halb-) öffentlich	zu einer Aufgabenkarte mit 1 Frage und 4 Stichwörtern etwas über sich erzählen und Prüfer-Fragen dazu beantworten	3-4 Minuten
3	Interaktion: gemeinsame Aktivität aushandeln	Gespräch	privat	Aufgabenblätter mit abweichenden Informationen	3-4 Minuten

Abbildung 25: *Goethe-Zertifikat A2*, Prüfungsteil Sprechen

Die Prüfungsteilnehmenden stellen ihre Sprechfähigkeit auf Deutsch anhand von drei Sprechanlässen unter Beweis. In den drei Aufgaben sollen sie verschiedene sprachliche Aktivitäten bzw. Funktionen realisieren: Sie sollen in Teil 1 Fragen zur Person stellen und beantworten, sich in Teil 2 ausführlicher über einen Aspekt ihres Alltagslebens äußern und in Teil 3 gemeinsam eine Alltagssituation planen. Bei Teil 1 und 3 findet in der Interaktion ein häufiger Sprecherwechsel statt, in Teil 2 handelt es sich um monologische Produktion mit anschließenden Fragen. Voraussetzung für die Bewältigung der Aufgaben ist das Erfassen der Situation, der Sprechabsichten und der eigenen Rolle als Kommunikationspartner gegenüber dem/der zweiten Teilnehmenden und gegenüber den beiden Prüfenden.

Die Prüfungsteilnehmenden zeigen, dass sie unterschiedliche Adressaten soziokulturell angemessen ansprechen können. Sie sprechen mit dem/der Gesprächspartner/-in bei Teil 1 und 3 in der Regel im informellen Register und richten sich bei Teil 2 mit dem kurzen Monolog gleichzeitig an die prüfungsteilnehmende Person und an die muttersprachliche Moderatorin/den Moderator sowie die bewertende Person. In dem anschließenden kurzen Gespräch mit der/dem Prüfenden spricht er/sie im neutralen bzw. (halb-)formellen

---
[74] Europarat, S. 36

ERLÄUTERUNG DER PRÜFUNGSTEILE 53

Register. Die produzierten mündlichen Leistungen sollen bei Teil 1 etwa 1 bis 2 Minuten, bei Teil 2 etwa 3 bis 4 Minuten und bei Teil 3 etwa 3 bis 4 Minuten lang sein. Die Gesamtlänge der mündlichen Leistung soll bei circa 6 Minuten pro Person liegen.

Rolle der Prüfenden
Die Prüfungsteilnehmenden gehen ohne Vorbereitungsphase in die mündliche Prüfung. Diese wird mit zwei Prüfungsteilnehmenden durchgeführt. Wenn nur (noch) eine Person zu prüfen ist, kommt es zur Einzelprüfung. Im Fall der Paarprüfung übernimmt einer der Prüfenden (P1) die Rolle eines Moderators, der durch die Prüfung führt, während der andere Prüfende (P2) vorwiegend die Rolle eines bewertenden Assessors einnimmt. Beide füllen während der Prüfung den Bewertungsbogen aus. Im Fall einer Einzelprüfung übernimmt einer der Prüfenden die Rolle des Moderators und des Assessors, der andere die Rolle des Gesprächspartners (Interlokutor).

Beispiel

Teil 1

Sie nehmen vier Karten und stellen mit diesen Karten vier Fragen. Ihr Partner/Ihre Partnerin antwortet.

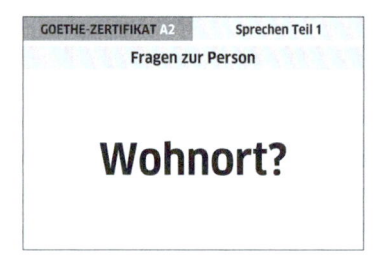

Abbildung 26: *Goethe-Zertifikat A2*, Modellsatz Erwachsene, Prüfungsteil Sprechen, Teil 1.

Referenzrahmen
Kann sehr kurze Kontaktgespräche führen, versteht aber kaum genug, um selbst das Gespräch in Gang zu halten; versteht jedoch, wenn die Gesprächspartner sich Mühe geben, sich ihm/ihr verständlich zu machen. [75] Kann Fragen über Gewohnheiten und Alltagsbeschäftigungen stellen und auf entsprechende Fragen antworten. [76]

Prüfungsziel und -form
Die Teilnehmenden sollen in Teil 1 zeigen, dass sie in der Lage sind, in einer Alltagssituation Kontakt aufzunehmen und soziale Beziehungen zu entwickeln. Die Teilnehmenden sollen sich näher kennenlernen. Ziele der Kommunikation sind: Fragen stellen, z. B. „Wo wohnt deine Familie?" und darauf mit Informationen reagieren.
Die Prüfung wird in einer etwa einminütigen Aufwärmphase mit einer Frage des Moderators (P1) nach dem Namen und dem Herkunftsort o. Ä. eingeleitet. Bevor die Prüfungsteilnehmenden beginnen, geben die Prüfenden ein Beispiel. Dann stellen die Prüfungsteilnehmenden anhand der Vorgaben auf Wortkarten jeweils vier Fragen und beantworten die Fragen zu ihrer Person. Jede(r) Teilnehmende zieht seine verdeckt liegenden vier Wortkarten, diese verteilen sich also nach dem Zufallsprinzip. Es wird erwartet, dass die Teilnehmenden einzelne Fragen mit mehr als einem Wort oder Satz beantworten.

---
75 Europarat (2001), S. 81
76 Europarat (2001), S. 84

PRÜFUNGSZIELE · TESTBESCHREIBUNG

Beispiel

Teil 2

GOETHE-ZERTIFIKAT A2 FIT	SPRECHEN TEIL 2

von sich erzählen

Freizeitaktivitäten?   Jemanden besuchen?

Was machst du oft am Wochenende?

Mit wem?   Wo?

Abbildung 27: *Goethe-Zertifikat A2*, Modellsatz Jugendliche, Prüfungsteil Sprechen, Teil 2.

Referenzrahmen
Kann etwas erzählen oder in Form einer einfachen Aufzählung berichten. Kann Pläne und Vereinbarungen, Gewohnheiten und Alltagsbeschäftigungen beschreiben sowie über vergangene und persönliche Erfahrungen berichten. [77]

Prüfungsziel und -form
Prüfungsteilnehmende informieren über Themen, die ihren Alltag betreffen. Kommunikationspartner sind die beiden Prüfenden und der/die Gesprächspartner/-in. Die Teilnehmenden sprechen in neutralem Register. Sprachhandlungen wie von eigenen Erfahrungen, von seinem eigenen Leben erzählen, sollen realisiert werden. Zudem soll der/die Prüfungsteilnehmer/-in ein bis zwei Nachfragen des Prüfenden zu dem Gesagten beantworten. Die Prüfungsteilnehmenden bekommen eine Aufgabenkarte mit Stichworten, mit deren Hilfe sie zusammenhängend und frei über sich sprechen. Nach Abschluss des Monologs des ersten Prüfungsteilnehmenden stellt der Prüfende vereinzelte Nachfragen.
Danach beginnt der zweite Prüfungsteilnehmende mit Teil 2.

---
[77] Europarat (2001), S. 65; vgl. auch S. 64 Mündliche Produktion allgemein

ERLÄUTERUNG DER PRÜFUNGSTEILE

Beispiel

Teil 3

Ihr Freund Patrick hat Geburtstag. Sie möchten ein Geschenk für ihn kaufen. Finden Sie einen Termin.

Samstag, 17. Mai

7.00	
8.00	lange schlafen
9.00	
10.00	
11.00	Frühstück bei Mario
12.00	
13.00	
14.00	Fahrrad abholen
15.00	
16.00	Eltern anrufen
17.00	
18.00	Fußball - Training
19.00	
20.00	20.15 Fußball Länderspiel im Fernsehen
21.00	

Abbildung 28: *Goethe-Zertifikat A2*, Modellsatz Erwachsene, Prüfungsteil Sprechen, Teil 3, Teilnehmende(r) A.

Referenzrahmen

Kann mit anderen besprechen, was man am Abend oder am Wochenende machen könnte. Kann Vorschläge machen und auf Vorschläge reagieren. [78]

Prüfungsziel und -form

Die Teilnehmenden sollen zeigen, dass sie in der Lage sind, in einer Alltagssituation zielorientiert miteinander zu kooperieren. Die Prüfungsteilnehmenden planen anhand der Vorgabe (z. B. Kalenderblatt) und mit eigenen Ideen ein gemeinsames Vorhaben. Kommunikationspartner sind Kollegen, Freunde und Bekannte. Die Teilnehmenden sollen gemeinsam mit dem/der Gesprächspartner/-in z. B. Ort und Zeit bestimmen, Vorschläge für eine gemeinsame Aktivität machen und darauf reagieren, Verabredungen treffen und darauf reagieren. Sie besprechen die Vorgehensweise und reagieren dabei auf die Einwände des/der Gesprächspartners/Gesprächspartnerin. Zu einem Konsens muss es nicht unbedingt kommen. Jede/-r Teilnehmende bekommt eine Karte mit jeweils anderen Informationen bzw. Vorgaben.

---

[78] Europarat (2001), S. 82

5.5 Bewertung

Im Folgenden wird die Bewertung der rezeptiven und produktiven Teile erläutert. Antwortbogen werden im Prüfungszentrum ein Jahr lang, Ergebnislisten zehn Jahre archiviert.

5.5.1 REZEPTION

Die Teilnehmenden markieren ihre Lösungen auf einem Antwortbogen.
Sie können ihre Lösungen zuerst auf dem Aufgabenblatt markieren.
In diesem Fall müssen sie ihre Lösungen später, jedoch noch während der Prüfungszeit auf den Antwortbogen übertragen.

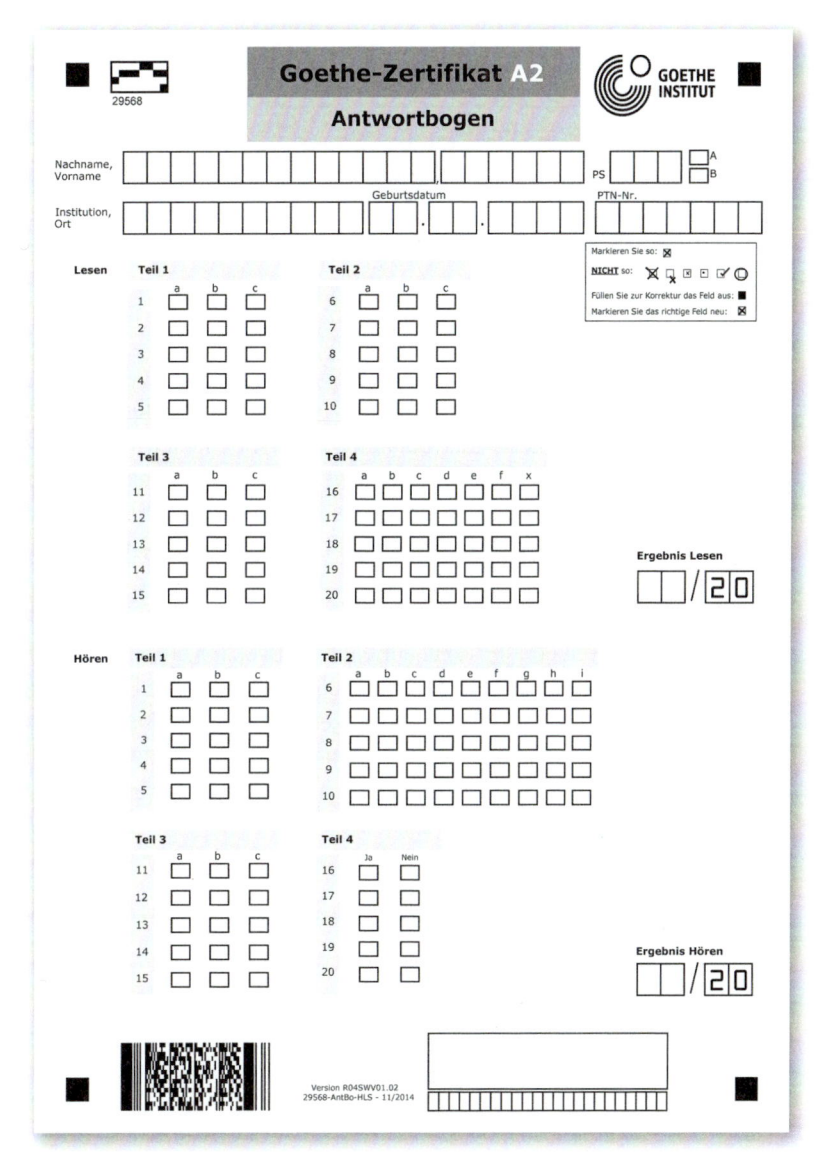

Abbildung 29: *Goethe-Zertifikat A2*, Antwortbogen *Lesen, Hören*

Die Bewertung der rezeptiven Teile *Lesen* und *Hören* werden maschinell gelesen oder von zwei Bewertenden per Schablone ausgewertet.

Maximal können in *Lesen* und *Hören* jeweils 20 Messpunkte erzielt werden. Diese entsprechen 25 Ergebnispunkten. Die Umrechnungstabelle zeigt das Verhältnis von Mess- und Ergebnispunkten:

Aufgaben x 1,25 =	Umrechnung	Aufgaben x 1,25 =	Umrechnung
1	1,25	11	13,75
2	2,50	12	15,00
3	3,75	13	16,25
4	5,00	14	17,50
5	6,25	15	18,75
6	7,50	16	20,00
7	8,75	17	21,25
8	10,00	18	22,50
9	11,25	19	23,75
10	12,50	20	25,00

Abbildung 30: Mess- und Ergebnispunkte *Lesen, Hören* und *Schreiben*

5.5.2 PRODUKTION

Die Bewertung der produktiven Teile erfolgt durch zwei geschulte und zertifizierte Bewertende im Prüfungszentrum. Da die Beurteilung produktiver Kompetenz komplex ist, sind für die Qualität der Prüfung neben der Qualität der Aufgaben intensives Prüfungs- und Beurteilungstraining sowie die konsequente Anwendung detaillierter Durchführungsbestimmungen besonders wichtig. Erst durch das Zusammenspiel dieser Aspekte kann ein zufriedenstellendes Maß an Validität, Reliabilität und Objektivität gewährleistet werden.

5.5.2.1 SCHREIBEN

Die Teilnehmenden schreiben ihre Texte auf einen Antwortbogen. Sie können einen Entwurf auf Konzeptpapier machen. In diesem Fall müssen sie ihre Endfassungen während der Prüfungszeit auf den Antwortbogen übertragen. Die zwei produzierten Texte werden jeweils nach inhaltlichen/kommunikativen und sprachlichen Aspekten beurteilt. Bei der Formulierung der Kriterien zur Bewertung der Schreibleistungen wurden folgende Deskriptoren des *Referenzrahmens* herangezogen:

Sprachfunktion Register	Kann elementare Sprachfunktionen ausführen und auf sie reagieren, z. B. auf einfache Art Informationen austauschen, Bitten vorbringen, Meinungen und Einstellungen ausdrücken.
	Kann auf einfache, aber effektive Weise an Kontaktgesprächen teilnehmen, indem er/sie die einfachsten und gebräuchlichsten Redewendungen benutzt und elementaren Routinen folgt. [79]
Kohärenz	Kann die häufigsten Konnektoren benutzen, um einfache Sätze miteinander zu verbinden, um eine Geschichte zu erzählen oder etwas in Form einer einfachen Aufzählung zu beschreiben.
	Kann Wortgruppen durch einfache Konnektoren wie *und, aber* und *weil* verknüpfen. [80]
Wortschatz	**Spektrum:** Verfügt über einen ausreichenden Wortschatz, um in vertrauten Situationen und in Bezug auf vertraute Themen routinemäßige, alltägliche Angelegenheiten zu erledigen. [81]
	Beherrschung: Beherrscht einen begrenzten Wortschatz in Zusammenhang mit konkreten Alltagsbedürfnissen. [82]
Strukturen	**Spektrum:** Verfügt über ein Repertoire an elementaren sprachlichen Mitteln, die es ihm/ihr ermöglichen, Alltagssituationen mit voraussagbaren Inhalten zu bewältigen; muss allerdings in der Regel Kompromisse in Bezug auf die Realisierung der Sprechabsicht machen und nach Worten suchen. [83]
	Beherrschung: Kann einige einfache Strukturen korrekt verwenden, macht aber noch systematisch elementare Fehler, hat z. B. die Tendenz, Zeitformen zu vermischen oder zu vergessen, die Subjekt-Verb-Kongruenz zu markieren; trotzdem wird in der Regel klar, was er/sie ausdrücken möchte. [84] Kann kurze Sätze über alltägliche Themen schreiben – z. B. Wegbeschreibungen. Kann kurze Wörter aus seinem mündlichen Wortschatz ‚phonetisch' einigermaßen akkurat schriftlich wiedergeben (benutzt dabei aber nicht notwendigerweise die übliche Rechtschreibung). [85]

Abbildung 31: *Goethe-Zertifikat A2*, Bewertungskriterien und Deskriptoren des Referenzrahmens, Schreiben

Bewertet werden die schriftlichen Leistungen nach Inhalt und Kommunikation in mit den Kriterien „Aufgabenerfüllung" und „Sprache". Die Prüfungsteilnehmenden zeigen in der Aufgabenerfüllung, dass sie den Schreibauftrag richtig verstanden haben und dass sie ihn sprachlich effektiv umsetzen können. Dabei wird beurteilt:

- Wie viele Inhaltspunkte wurden klar verständlich umgesetzt?
- Wie gut sind die Sprachfunktionen umgesetzt?
- Ist das Register angemessen in Hinblick auf Kommunikationspartner und Schreibanlass?
- Wird die Mitteilung den Konventionen der Höflichkeit (Anrede, Gruß und Register) in Bezug auf den Adressaten gerecht?

---

[79] Europarat (2001), S. 122
[80] Europarat (2001), S. 125
[81] Europarat 2001, S. 112
[82] Europarat 2001, S. 113
[83] Europarat (2001), S.111
[84] Europarat (2001), S. 114
[85] Europarat (2001), S. 118

Die Schreib-Leistungen werden mithilfe folgender Kriterien bewertet:

Bewertungskriterien Schreiben

		A	B	C	D	E
Aufgabenerfüllung*	Sprachfunktion	alle 3 Sprachfunktionen inhaltlich und umfänglich angemessen	2 Sprachfunktionen angemessen **oder** 1 angemessen und 2 teilweise	1 Sprachfunktion angemessen und 1 teilweise **oder** alle teilweise	1 Sprachfunktion angemessen **oder** teilweise	Textumfang weniger als 50% (10 Wörter in Teil 1; 15 Wörter in Teil 2) der geforderten Wortanzahl **oder** Thema verfehlt
	Register	situations- und partneradäquat	weitgehend situations- und partneradäquat	ansatzweise situations- und partneradäquat	nicht mehr situations- und partneradäquat	
Sprache	Spektrum: Kohärenz Wortschatz Strukturen	angemessen und differenziert	überwiegend angemessen	teilweise angemessen	kaum angemessen	Text durchgängig unangemessen
	Beherrschung: Kohärenz Wortschatz Strukturen	vereinzelte Fehlgriffe beeinträchtigen das Verständnis nicht	mehrere Fehlgriffe beeinträchtigen das Verständnis nicht	mehrere Fehlgriffe beeinträchtigen das Verständnis teilweise	mehrere Fehlgriffe beeinträchtigen das Verständnis erheblich	

Abbildung 32: *Goethe-Zertifikat A2*, Bewertungskriterien für den Prüfungsteil Schreiben

Bei „Sprache" werden Kohärenz, Wortschatz und Strukturen bewertet. Dabei werden jeweils *Spektrum* und *Beherrschung* betrachtet. Das bedeutet, dass zunächst darauf geachtet wird, wie effektiv, flexibel und differenziert die eingesetzten sprachlichen Mittel sind und dann erst, inwiefern diese durch Fehlgriffe in ihrer Wirksamkeit beeinträchtigt sind. Bei der Beurteilung der Schreibleistung wird zunächst bewertet, was die Schreibleistung im positiven Sinne auszeichnet. Bei der Betrachtung der Fehler wird dann unterschieden zwischen kleineren formalen Fehlern, wie zum Beispiel einer falschen Artikelverwendung, die das Verständnis nicht oder kaum beinträchtigen, und solchen Fehlern, die das Verständnis beeinträchtigen, wie zum Beispiel die Wahl einer falschen Konjunktion. Die Anzahl der Fehler ist bei dieser Betrachtung von sekundärer Bedeutung.

Die beiden von den Teilnehmenden produzierten Texte werden von den zwei Bewertenden unabhängig voneinander auf der Basis der Kriterien bewertet. Dabei wählt der Bewertende aus den jeweils fünf Stufen pro Kriterium (5 Punkte, 3,5 usw.) die passende aus. Die Bewertungsskala und die damit verbundenen Abstufungsmöglichkeiten A bis E sind fünfstufig:

	Teil 1	Teil 2
A	5 Punkte	5 Punkte
B	3,5 Punkte	3,5 Punkte
C	2 Punkte	2 Punkte
D	0,5 Punkte	0,5 Punkte
E	0 Punkte	0 Punkte

Abbildung 33: *Goethe-Zertifikat A2*, Bewertungsskala Prüfungsteil Schreiben

Die beiden oberen Stufen A und B bilden eine Schreibleistung ab, die dem Niveau A2 entspricht. A wird vergeben, wenn eine Schreibleistung in allen Teilaspekten auf dem Niveau A2 liegt, B, wenn einzelne Abstriche gemacht werden, zum Beispiel nicht alle Sprachhandlungen befriedigend erfüllt sind. Im Text der Bewertungskriterien werden diese Stufen durch die Attribute „voll angemessen" und „überwiegend angemessen" charakterisiert. Die Bewertungen C und D bilden eine Schreibleistung ab, die unter dem Niveau A2 anzusiedeln ist. Dabei wird C vergeben, wenn die Schreibleistung nur in Einzelaspekten unter der gewünschten A2-Schreibleistung liegt. D wird vergeben, wenn die Schreibleistung in diesem Kriterium in der Mehrzahl der Aspekte unter dem A2-Niveau liegt. Im Text der Bewertungskriterien werden diese Stufen durch die Attribute „teilweise angemessen" bzw. „kaum angemessen" charakterisiert. Die Bewertung E wird gewählt, wenn die Schreibleistung aufgrund des nicht zur Aufgabe passenden Inhalts, der Kürze oder der mangelnden Verständlichkeit nicht bewertbar ist. Im Text der Bewertungskriterien wird diese Stufe durch die Attribute „Thema verfehlt" und „durchgängig unangemessen" charakterisiert.

Teil 1 und Teil 2 werden gleich mit jeweils maximal 10 Punkten bewertet. Bei beiden Teilen wird jedes der zwei Kriterien (Aufgabenerfüllung und Sprache) mit jeweils maximal 5 Punkten bewertet. Maximal können im Prüfungsteil Schreiben 20 Messpunkte erzielt werden. Diese entsprechen 25 Ergebnispunkten. Die Umrechnungstabelle in Abbildung 30 zeigt das Verhältnis von Mess- und Ergebnispunkten. Ein Zählen der geschriebenen Wörter durch die Bewertenden ist ausschließlich dann notwendig, wenn die Leistung augenscheinlich unter 50 Prozent (10 Wörter in Teil 1 und 15 Wörter in Teil 2) des geforderten Textumfangs liegt. In diesem Fall ebenso wie bei einer Verfehlung des Themas erhält der gesamte Teil
0 Punkte. Die sichere Anwendung der Abstufungen, beispielsweise zwischen „überwiegend angemessen" und „voll angemessen", kann nur durch ein Bewertertraining erzielt werden.

Um die Unabhängigkeit der Bewertungen zu gewährleisten, hält jede/-r der beiden Bewertenden ihre/seine Werte auf einem eigenen Bewertungsbogen fest. Hier besteht auch die Möglichkeit zu kurzen verbalen Kommentaren. Auf diese Weise können Bewertende eine sogenannte blinde, also unbeeinflusste Bewertung vornehmen. Diese Doppelbewertung garantiert die Zuverlässigkeit und Fairness der Bewertung. Aus den Werten der beiden Bewertenden wird am Ende das arithmetische Mittel gebildet und in den Ergebnisbogen Schreiben eingetragen. Für den Fall, dass das Gesamtergebnis unter der Bestehensgrenze liegt, führen die beiden Prüfenden ein Einigungsgespräch durch. Der Antwortbogen, die beiden Bewertungsbogen und der Ergebnisbogen werden ein Jahr lang und der Gesamtergebnisbogen zehn Jahre lang im Prüfungszentrum archiviert.

Leistungsbeispiel Erwachsene, Aufgabe 1, SMS *Entschuldigung*

> Hallo Ekaterini,
> Tut mir leid! Ich bin im Stau. Komme später. Treffen uns um 7 Uhr auf Hauptbahnhof. Bis später.

20 Wörter

Es handelt sich um eine Leistung im oberen Bereich des Niveaus A2. Vom Expertenteam wurde die volle Punktzahl vergeben. Alle drei Sprachfunktionen sind inhaltlich angemessen erfüllt. Das Register ist situations- und partneradäquat. Der fehlende Name am Ende und die Informationsverdichtung sind der Textsorte SMS angemessen. Für Kohärenz sind zwar keine Indikatoren vorhanden, dies ist jedoch ebenfalls der Textsorte SMS angemessen. Es werden angemessener Wortschatz – *später, treffen, Hauptbahnhof, Stau* – und angemessene Strukturen verwendet: *Tut mir leid, im Stau, später, um 7 Uhr*.
Positiv ist auch die Beherrschung des Reziprok-Pronomens *Treffen uns*. Der Fehlgriff auf *Hauptbahnhof* beeinträchtigt das Verständnis nicht.

Leistungsbeispiel Jugendliche, Aufgabe 1, SMS *Entschuldigung*

> Es tut mir Leid, Ekaterini. Viel Verkehr! Bist du in der Park? Können wir im Kino treffen bitte? Aber um 6 Uhr. K?

23 Wörter

Es handelt sich um eine Leistung im oberen Bereich des Niveaus A2. Vom Expertenteam wurden 8,5 Punkte vergeben, für Aufgabenerfüllung B, für Sprache A. Zwei Sprachfunktionen sind angemessen und eine teilweise erfüllt: Sprachfunktion 1 ist teilweise erfüllt. Eine Entschuldigung ist vorhanden *Es tut mir Leid, Ekaterini*, aber es wird nicht deutlich, wofür. Die Erklärung, dass man zu spät kommt, fehlt. Sprachfunktion 2 ist mit *Viel Verkehr!* erfüllt. Sprachfunktion 3 ist inhaltlich und umfänglich angemessen erfüllt. Die Textsorte SMS ist erkennbar. Das Register ist situations- und partneradäquat. *K?* steht möglicherweise für *Okay?*, ist aber für viele deutsche Muttersprachler nicht verständlich.
Viel Verkehr! ist eine knappe, aber der Textsorte angemessene Begründung. Kohärenz ist mit: *Aber* erkennbar. Wortschatz und Strukturen sind differenziert und für den Schreibanlass angemessen: *Verkehr, Park, Kino, treffen; Es tut mir Leid, im Kino treffen, um 6 Uhr*. Vereinzelte Fehlgriffe *in der Park, wir im Kino treffen bitte* beeinträchtigen das Verständnis nicht.

PRÜFUNGSZIELE · TESTBESCHREIBUNG

Leistungsbeispiel Erwachsene, Aufgabe 2, E-Mail *Einladung*

> Sehr geehrter Herr Lehmann,
> ich Danke ihnen für ihre Einladung. Ich werde kommen. Es hat mich gefreut. Darf ich mein Ehemann Julian mitbringen? Es tut mir leid. Ich habe dem weg vergessen. Könnten Sie dem beschreiben? Ich warte auf ihre Antwort
> Mit freundlichen Danken.
> Sarah

45 Wörter

Es handelt sich um eine Leistung im oberen Bereich des Niveaus A2. Vom Expertenteam wurden 8,5 Punkte vergeben, für Aufgabenerfüllung A, für Sprache B. Alle drei Sprachfunktionen sind inhaltlich und umfänglich angemessen erfüllt. Die Anrede, der Gruß und die Adressierung mit *Sie* sind situations- und partneradäquat. Die Kleinschreibung bei *ihnen* und *ihre* wird beim Kriterium Sprache als Fehlgriff bewertet. Die Sätze stehen unverbunden nebeneinander. Es wird überwiegend angemessener Wortschatz verwendet: *gefreut, beschreiben*. Die Strukturen sind voll angemessen und differenziert: *danke ihnen, für die Einladung, ich werde kommen*. Gelungen ist die Benutzung der Sprachroutinen *ich Danke ihnen, Es hat mich gefreut, Ich warte auf ihre Antwort*. Die Fehlgriffe *Danke ihnen, mein Ehemann, dem weg, dem beschreiben, ihre Antwort, Mit freundlichen Danken* beeinträchtigen das Verständnis nicht.

Leistungsbeispiel Jugendliche, Aufgabe 2, E-Mail *Einladung*

> Hallo, Frau Gross
> zuerst will ich sage eine Danke für eure Einladung und ich will kommen. Es ist sehr toll in meiner erste Schulparty kommen und meine neue Mitschüler und Mitschülerinnen kennen lernen. Ich kann Getränke und Essen bringen. Können Sie mir bitte dem Weg geben.
> Viele Grüße,
> eure Nikolas

49 Wörter

Es handelt sich um eine Leistung im oberen Bereich des Niveaus A2. Vom Expertenteam wurden 8,5 Punkte vergeben, für Aufgabenerfüllung A, für Sprache B. Alle drei Sprachfunktionen sind inhaltlich angemessen erfüllt. Sprachfunktion 2 ist vom Umfang her knapp, aber für das Niveau A2 angemessen. Anrede und Gruß sind situations- und partneradäquat. Auch die Adressierung mit *Sie* entspricht dem in der Aufgabe verlangten Register, allerdings ist das Siezen bei den Pronomina *eure Einladung* und *eure Nicolas* nicht durchgängig realisiert. Dieser Fehlgriff wird im Kriterium Sprache bewertet. Die Verwendung von *zuerst* ist als gelungenes Kohärenzmerkmal zu werten. Verwendet wird überwiegend angemessener Wortschatz: *Einladung, Schulparty, Mitschülerinnen, kennen lernen, Getränke*. Auch die Strukturen sind überwiegend angemessen. Einzelne werden begonnen, aber nicht korrekt fortgeführt: *zuerst will ich sage eine Danke; Es ist sehr toll in meiner erste Schulparty kommen*. Syntaktische und lexikalische Fehlgriffe sind: *dem* Weg geben. Und die falsche Verwendung der Possessivartikel *eure Einladung, eure Nikolas* beeinträchtigen das Verständnis nicht.

5.5.2.2 SPRECHEN

In der Paarprüfung übernimmt eine/-r der Prüfenden die Rolle eines Moderators, der durch das Prüfungsgespräch führt, während die/der andere Prüfende vorwiegend die Rolle eines Assessors einnimmt. Die Prüfenden notieren beide unabhängig voneinander ihre Bewertungen auf die Bewertungsbogen. Grundlage der Bewertung, *wie gut* Prüfungsteilnehmende die Aufgaben bewältigen, sind die Beschreibungen sprachlichen Könnens in Tabelle 3 des *Referenzrahmens* [86] sowie Deskriptoren zur Interaktion.

Bei der Formulierung der Kriterien zur Bewertung der mündlichen Leistungen wurden folgende Deskriptoren des *Referenzrahmens* herangezogen:

Sprachfunktion Interaktion	Kann elementare Sprachfunktionen ausführen und auf sie reagieren, z. B. auf einfache Art Informationen austauschen, Bitten vorbringen, Meinungen und Einstellungen ausdrücken.
Register	Kann auf einfache, aber effektive Weise an Kontaktgesprächen teilnehmen, indem er/sie die einfachsten und gebräuchlichsten Redewendungen benutzt und elementaren Routinen folgt. [87]
	Kann Fragen stellen und Fragen beantworten sowie auf einfache Feststellungen reagieren. Kann anzeigen, wann er/sie versteht, aber versteht kaum genug, um selbst das Gespräch in Gang zu halten. [88]
Wortschatz	**Spektrum:** Verfügt über genügend Wortschatz, um elementaren Kommunikationsbedürfnissen gerecht werden zu können. Verfügt über genügend Wortschatz, um einfache Grundbedürfnisse befriedigen zu können. [89]
	Beherrschung: Beherrscht einen begrenzten Wortschatz in Zusammenhang mit konkreten Alltagsbedürfnissen. [90]
Strukturen	**Spektrum:** Verwendet elementare Satzstrukturen mit memorierten Wendungen, kurzen Wortgruppen und Redeformeln, um damit in einfachen Alltagssituationen begrenzte Informationen auszutauschen. [91]
	Kann Wortgruppen durch einfache Konnektoren wie *und, aber* und *weil* verknüpfen. [92]
	Beherrschung: Verwendet einige einfache Strukturen korrekt, macht aber systematische elementare Fehler. [93]
Aussprache	Die Aussprache ist im Allgemeinen klar genug, um trotz eines merklichen Akzents verstanden zu werden, manchmal wird aber der Gesprächspartner um Wiederholung bitten müssen. [94]

Abbildung 34: *Goethe-Zertifikat A2*, Bewertungskriterien und Deskriptoren des Referenzrahmens, *Sprechen*

---

86 Europarat (2001), S. 37 f.
87 Europarat (2001), S. 122
88 Europarat (2001), S. 38
89 Europarat (2001), S. 112
90 Europarat (2001), S. 113
91 Europarat (2001), S. 111
92 Europarat (2001), S. 38
93 Europarat (2001), S. 38
94 Europarat (2001), S. 117

Die mündlichen Leistungen werden mithilfe folgender Kriterien bewertet:

Bewertungskriterien Sprechen

		A	B	C	D	E
Aufgabenerfüllung	Sprachfunktion	angemessen	überwiegend angemessen	teilweise angemessen	kaum angemessen	Gesprächsanteil nicht bewertbar
	Interaktion	angemessen	überwiegend angemessen	teilweise angemessen	kaum angemessen	
	Register	situations- und partneradäquat	weitgehend situations- und partneradäquat	ansatzweise situations- und partneradäquat	nicht mehr situations- und partneradäquat	
Sprache	Spektrum: Wortschatz Strukturen	angemessen und differenziert	überwiegend angemessen	teilweise angemessen	kaum angemessen	Äußerung durchgängig unangemessen
	Beherrschung: Wortschatz Strukturen	vereinzelte Fehlgriffe beeinträchtigen das Verständnis nicht	mehrere Fehlgriffe beeinträchtigen das Verständnis nicht	mehrere Fehlgriffe beeinträchtigen das Verständnis teilweise	mehrere Fehlgriffe beeinträchtigen das Verständnis erheblich	
Aussprache	Satzmelodie Wortakzent einzelne Laute	einzelne Abweichungen beeinträchtigen das Verständnis nicht	systematisch vorkommende Abweichungen beeinträchtigen das Verständnis nicht	Abweichungen beeinträchtigen das Verständnis stellenweise	starke Abweichungen beeinträchtigen das Verständnis erheblich	nicht mehr verständlich

Abbildung 35: *Goethe-Zertifikat A2*, Bewertungskriterien für den Prüfungsteil Sprechen

Bewertet werden die mündlichen Leistungen nach Inhalt und Kommunikation mit den Kriterien „Aufgabenerfüllung", „Sprache" und „Aussprache".

Die Prüfungsteilnehmenden zeigen bei der „Aufgabenerfüllung", dass sie den Gesprächsimpuls richtig verstanden haben und in Form und Umfang effektiv umsetzen können.
Dabei wird beurteilt:
- Wie umfassend und vollständig erfüllt die Sprechleistung die Aufgabe?
- Wie viele der Inhaltspunkte werden klar verständlich umgesetzt?
- Wie gut sind die Sprachfunktionen in Hinblick auf die Kommunikation der geforderten Sprechhandlungen umgesetzt, zum Beispiel planen, begründen, etwas vorschlagen in Aufgabe 3?
- Ist das Register angemessen für den/die Kommunikationspartner/-in und den Sprechanlass?

Die prüfungssprachlichen Kriterien beantworten die Fragen:
- Wie angemessen sind die Äußerungen in Bezug auf das Spektrum und die Beherrschung der Strukturen und des Wortschatzes?

Bei der Bewertung der Sprache wird in erster Linie nicht auf die Fehler geachtet, sondern zunächst wird bewertet, was die mündliche Leistung im positiven Sinne auszeichnet. Bei der Betrachtung der Fehler wird unterschieden zwischen kleineren formalen Fehlern, wie zum Beispiel einer falschen Artikelverwendung, die das Verständnis nicht oder kaum beinträchtigen, und solchen Fehlern, die das Verständnis beeinträchtigen, wie zum Beispiel die Wahl einer falschen Konjunktion. Die Anzahl der Fehler ist bei dieser Betrachtung von sekundärer Bedeutung.

Bei der „Aussprache", die für alle Teile gemeinsam einmal bewertet wird, geht es um die Realisierung der sprachlichen Äußerungen in Bezug auf Satzmelodie, Wortakzent und einzelne Laute, wobei muttersprachlicher Akzent noch hörbar sein darf. [95]

Die Bewertungsskala und die damit verbundenen Abstufungsmöglichkeiten sind fünfstufig:

	Teil 1	Teil 2	Teil 3	Aussprache
A	2 Punkte	4 Punkte	4 Punkte	5 Punkte
B	1,5 Punkte	3 Punkte	3 Punkte	3,5 Punkte
C	1 Punkte	2 Punkte	2 Punkte	2 Punkte
D	0,5 Punkte	1 Punkte	1 Punkte	0,5 Punkte
E	0 Punkte	0 Punkte	0 Punkte	0 Punkte

Abbildung 36: *Goethe-Zertifikat A2*, Bewertungsskala Prüfungsteil Sprechen

A und B bilden eine Leistung ab, die dem Niveau A2 entspricht. A wird vergeben, wenn eine Leistung in allen Teilaspekten voll erfüllt ist. B, wenn einzelne Abstriche gemacht werden, zum Beispiel nicht alle Sprachhandlungen angemessen umgesetzt wurden. Im Text der Bewertungskriterien werden diese Stufen durch die Attribute „angemessen" und „überwiegend angemessen" charakterisiert. C und D bilden eine Leistung ab, die unter dem Niveau A2 anzusiedeln ist. Dabei wird C vergeben, wenn die Leistung nur in Einzelaspekten unter der gewünschten A2-Leistung liegt. D wird vergeben, wenn die Leistung in diesem Kriterium in der Mehrzahl der Aspekte unter dem A2-Niveau liegt. Im Text der Bewertungskriterien werden diese Stufen durch die Attribute „teilweise angemessen" bzw. „kaum angemessen" charakterisiert. E wird gewählt, wenn die Leistung aufgrund des nicht zur Aufgabe passenden Inhalts, der Kürze oder der mangelnden Verständlichkeit nicht bewertbar ist.

Maximal können im Prüfungsteil *Sprechen* jeweils 25 Messpunkte erzielt werden. Diese entsprechen 25 Ergebnispunkten.

Um die Unabhängigkeit der Bewertungen zu gewährleisten, hält jeder der beiden Bewertenden seine Werte auf einem eigenen Bewertungsbogen fest. Hier besteht auch die Möglichkeit zu kurzen verbalen Kommentaren. Auf diese Weise können Bewertende eine sogenannte blinde, also unbeeinflusste Bewertung vornehmen. Diese Doppelbewertung garantiert die Zuverlässigkeit und Fairness der Bewertung. Aus den Werten der beiden Bewertenden wird am Ende das arithmetische Mittel gebildet und in den Ergebnisbogen *Sprechen* eingetragen.
Für den Fall, dass das Gesamtergebnis unter der Bestehensgrenze liegt, führen die beiden Prüfenden ein Einigungsgespräch durch. Alle ergebnisrelevanten Bogen (Antwort-, Bewertungs-, Ergebnisbogen) werden ein Jahr lang und der Gesamtergebnisbogen zehn Jahre lang im Prüfungszentrum archiviert.

---
[95] Europarat (2001), S. 117

Leistungsbeispiel Erwachsene
Prüferin 1 (P1), Prüferin 2 (P2), Teilnehmende: Mariam, Paula

Prüferinnen	Mariam und Paula

P1: Herzlich willkommen zum Goethe-Zertifikat A2. Mein Name ist Claudia Stelter, das ist meine Kollegin Stefanie Dengler.
P2: Hallo.
Mariam und Paula [gleichzeitig]: Hallo.
P1: Und wie heißen Sie?
Mariam: Ich heiße Mariam. Ich komme aus Tunesien. Ich bin dreiundzwanzig Jahre alt.
P1: Danke. Und wie heißen Sie?
Paula: Ich heiße Paula, ich komme aus Spanien und ich bin achtzehn Jahre alt.
P1: Dankeschön. Nun beginnt die Prüfung. Die Prüfung hat drei Teile. Teil eins ist ein Gespräch. Sie stellen sich vor und wir hören zu. Einer fragt und einer antwortet. Wir machen ein Beispiel. Frau Dengler, wo lebt Ihre Familie?
P2: Also meine Familie lebt in München. Meine Familie, das ist mein Mann, meine Tochter und zwei Katzen.
P1: Danke. Dann bekommen Sie vier Karten.
Mariam: Danke.
P1: [wartet] Wer möchte beginnen?
Paula: Ich beginn.
P1: Sie fragen und Frau [XY] antwortet bitte.
Paula: Okay. Wann ist dein Geburtstag?
Mariam: Ich habe Geburtstag am sechzehn Oktober. Ich habe das mit meiner Freundin gefeiert. Nächste letzte Monat.
Paula: Jo. Woher kommst du?
Mariam: Ich komme aus Tunesien.
Paula: Aha.
Mariam: Tunesien ist ein schön schönes Land in Nordafrika.
Paula: Hast du viele deutsche Freunde?
Mariam: Nicht viele, weil ich spreche nicht gut Deutsch, aber einige.
Paula: Was ist dein Hobbys?
Mariam: Ich singe gern und ich gehe immer spazieren und lese Bücher.
Paula: Aha.
Mariam: Okay.
P1: Jetzt fragen Sie und Sie antworten bitte.
Mariam: Was machst du von Beruf?
Paula: Ich habe das Gymnasium gemacht und die Abitur und das ist alles. Ich bin nur achtzehn Jahre alt so ich habe keine Universität machen.
Mariam: Okay. Hast du Kinder oder sind bist du interessiert in Kinder?
Paula: Nein. Ich habe kein Kinder. Ich bin sehr jung. Aber ich habe für zwei Monate Au Pair Mädchen machen.
Mariam: Okay. Ist schön. Und welche Sprachen sprichst du?
Paula: Ich spreche Spanisch, Französisch und ich kann auch Englisch sprechen und ich bin in München, um Deutsch zu lernen.
Mariam: Schön. Wo wohnst du hier in München?
Paula: Ich wohne mit einer Freundin in Frankfurter Ring, in die Nord, München Nord, ja.
Mariam: Okay, danke.
P1: Vielen Dank. Das war Teil eins. In Teil zwei erzählen Sie etwas über sich und wir hören zu. Sie bekommen ein Aufgabenblatt. [wartet]
Mariam: Ich fange an jetzt.
P1: Ja. Erzählen Sie bitte, Frau [XY]: Was machen Sie mit Ihrem Geld?
Mariam: Okay. Also, nächste Woche reise ich nach Tunesien, weil es ist … es Ferien ist. So ich habe eine große Familie und mit meinem Geld ich möchte viele Geschenke kaufen.
P1: Mhm.
Mariam: Ja. Vielleicht auch … ich gehe nach dem nach dem Unterricht in Kinder … in Weihnachtsmarkt vielleicht mit meinem Freunden, ich trinke etwas oder ich wir essen und wir machen etwas besonders, weil heute ist der letzte Tag in der Unterricht.
P1: Und müssen Sie Miete zahlen?
Mariam: Mein Mann zahlt. Es ist teuer, ja, aber ich kann nicht helfen, nein. Nein. Mein Mann zahlt. Vielleicht ich kaufe ihm ein Geschenk.
P1: Und … Ich habe noch eine Frage: Wo kaufen Sie Ihre Kleidung?
Mariam: … Es gibt jetzt schöne Straße in Marienplatz. Ich mag das. Ich kaufe immer H&M, ZARA. Es gibt viele … schönes Kleidung.
P1: Danke. Dann Frau [XY], erzählen Sie: Was machen Sie oft am Wochenende?
Paula: Am Freitagabend ich bin sehr müde so ich bleibe nach Hause und am Samstag ich wenn ich Geld habe gehe ich mit Freundi … Freund oder Freundin ins Disco oder Bars. Und in an Sonstag ich bin sehr sehr müde so ich kann nicht ausgehen und ich bleibe nach Hause mit eine Fil für eine Film sehen oder in … ich weiß nicht … oder schlafen, nur schlafen.
P1: Mhm.
Paula: Ja. Und … jetzt an Weihnachten gehe ich an Weihnachtsmarkt mit Freunden und ich kaufe kleine Geschenk für meine Familie in Spanien und Frankreich. Und ich mach ich mache Fotos, aber in in Deutschland Weihnachten ist sehr sehr sehr schön und sehr interessant. Ja. Das ist alles.
P1: Und noch eine Frage an Sie: Was machen Sie, wenn Sie Ihre Familie besuchen?
Paula: Wir essen zusammen und wir sprechen und wir lachen zusammen und wir sind zusammen, das ist alles. Ja.
P1: Ja, dankeschön. Ja, das war Teil zwei. In Teil drei planen Sie etwas zusammen. Sie bekommen ein Aufgabenblatt. [wartet] Ihr Freund Patrick hat Geburtstag, Sie möchten ein Geschenk für ihn kaufen, finden Sie bitte einen Termin.
Paula: Okay. Hallo.
Mariam: Hallo.
Paula: Wir brauchen eine Geschenk für Patrick kaufen.
Mariam: Ja, ich weiß. Aber wann hast du Zeit?

ERLÄUTERUNG DER PRÜFUNGSTEILE 67

Paula:	Wir können am Samstag, sechsten Mai, gehen?	Mariam:	Aber wir können vielleicht … ein Buch? Oder ein Guteschein für ein Kochkurs?
Mariam:	Ja, das ist okay. Vielleicht am dreizehn Uhr?	Paula:	Ja …
Paula:	Nein, ich kann nicht. Ist Essen bei Stefan.	Mariam:	Ich habe ich habe gehört er möchtet chinesisch kochen lernen.
Mariam:	…	Paula:	Ah ja?
Paula:	Sechs sechs um sech sechzehn Uhr?	Mariam:	Ja.
Mariam:	Oh, nein. Ich hab, ich muss mein Eltern anrufen.	Paula:	Okay. Können wir können wir diese machen. Ja, das ist eine gute Idee.
Paula:	Um …	Mariam:	So, wir treffen uns am siebzehn Uhr …
Mariam:	Vielleicht am am siebzehn. Ich bin ich habe Zeit.	Paula:	In Marienplatz.
Paula:	Ich bin frei auch.	Mariam:	Okay.
Mariam:	Also, wir können am Samstag um siebzehn Uhr sich treffen.	Paula:	Okay.
Paula:	Ja, natürlich.	Mariam:	Schön. Auf Wiederhören.
Mariam:	Und etwas schön für ihm kaufen.	Mariam:	Auf Wiederhören.
Paula:	Mhm.	P1:	Ja, vielen Dank. Wir sind am Ende der Prüfung. Dankeschön und auf Wiedersehen.
P1:	Und was möchten Sie kaufen?	Mariam und Paula [gleichzeitig]: Auf Wiedersehen.
Mariam:	Okay. Also …	P2:	Auf Wiedersehen.
Paula:	Was was können wir kaufen für Patrick? Vielleicht ein CD? Oder … Kleidung?	Mariam:	Danke.
Mariam:	Kleidung nein. Weil jeden hat jeden muss ihre Kleidung allein kaufen.		
Paula:	Ja … Ja …		

Leistungsbeispiel Erwachsene – Bewertung Mariam

Mariams Leistung entspricht dem oberen Bereich des Niveaus A2. Sie wurde vom Expertenteam mit 24 Punkten bewertet.

Bei Aufgabe 1 beantwortet sie alle Fragen und Antworten angemessen, situations- und partneradäquat. Ihr Wortschatz ist angemessen und differenziert: *gefeiert, schönes Land.* Das gilt auch für die verwendeten Strukturen: *habe … gefeiert, ein schönes Land, ich gehe immer spazieren.* Als gelungene Ausdrucksweisen sind zu werten: *nicht viele, … aber einige.* Es gibt nur wenige Fehler – *am sechzehn Oktober, bist du interessiert in Kinder* –, die aber nicht verständnisstörend sind.

Bei Aufgabe 2 erzählt sie zu jedem Stichwort auf dem Aufgabenblatt mit drei bis vier Sätzen etwas und antwortet auf die zwei Nachfragen der Prüfenden ebenso ausführlich und situations- und partneradäquat. Der Wortschatz ist angemessen und differenziert: *Ferien, Geschenke, Weihnachtsmarkt, etwas Besonders.* Ebenso voll angemessen und differenziert sind die Strukturen: *mit meinem Geld, es ist teuer, aber ich kann nicht helfen, Nein, mein Mann zahl (die Miete).* Es gibt keine verständnisstörenden Fehler. Nicht verständnisstörende Fehler sind: *weil es Ferien ist, mit meinem Freunden, etwas Besonders, in der Unterricht, vielleicht ich kaufe ihm ein Geschenk, schönes Kleidung.*

Sie erfüllt Aufgabe 3 angemessen, ihre Äußerungen sind situations- und partneradäquat. Ihr Wortschatz ist angemessen und differenziert: *Buch, Gutschein(e), Kochkurs.* Beispiele für angemessene Strukturen sind: *Ich muss mein Eltern anrufen, ich habe gehört, er möchtet chinesisch kochen lernen.* Sie macht einige Fehler: *am dreizehn Uhr, mein Eltern anrufen, Wir können … sich treffen, etwas schön für ihm kaufen, Guteschein, für ein Kochkurs, er möchtet.* Diese Fehler stören das Verständnis nicht.

Mariams Aussprache ist bezogen auf die Anforderungen des Niveaus A2 klar, es gibt kaum Abweichungen. Vereinzelte Abweichungen wie *gähe* statt *gehe* sind unerheblich.

Leistungsbeispiel Erwachsene – Bewertung Paula

Paulas Leistung entspricht dem Niveau von A2. Sie wurde vom Expertenteam mit 21 Punkten bewertet.

Bei Aufgabe 1 hat sie alle Fragen und Antworten angemessen, situations- und partneradäquat erfüllt. Wortschatz und Strukturen sind angemessen und differenziert: *Gymnasium, Abitur, Universität, Nord, viele deutsche Freunde, um … zu lernen.* Gelungene Ausdrucksweisen sind: *Ich bin in München, um Deutsch zu lernen.* Es gibt keine verständnisstörenden Fehler. Mehrere Fehler – *dein Hobbys, die Abitur, nur achtzehn Jahre alt, ich habe keine Universität machen, kein Kinder, ich habe … Au Pair Mädchen machen, in Frankfurter Ring, in die Nord* – beeinträchtigen das Verständnis nicht.

Die Erzählung über Gewohnheiten am Wochenende ist inhaltlich angemessen. Wortschatz und Strukturen sind angemessen und differenziert: *Disco, Bars, schlafen, Weihnachtsmarkt, Geschenk, lachen, wenn ich Geld habe.* Es gibt keine verständnisstörenden Fehler. Mehrere Fehler – *Am Freitagabend ich bin sehr müde so ich bleibe nach Hause, gehe … ins Disco, an Sonstag, ich bleibe nach Hause … für eine Film sehen, gehe ich an Weihnachtsmarkt, kleine Geschenk* beeinträchtigen das Verständnis nicht.

Die Terminvereinbarung in Aufgabe 3 ist angemessen erfüllt. Paula ergreift am Anfang die Initiative. Der Wortschatz und die Strukturen sind angemessen und differenziert: *CD, Kleidung, Wir können am Samstag, sechsten Mai, gehen, Was können wir kaufen für Patrick?* Mehrere Fehler – *Wir brauchen eine Geschenk für Patrick kaufen, Ist Essen bei Stefan, Ich bin freu auch, ein CD, Wir können diese machen, In Marienplatz* beeinträchtigen das Verständnis nicht.

Paulas Aussprache ist bezogen auf die Anforderungen des Niveaus A2 verständlich. Hörbare systematische Abweichungen zum Beispiel bei *Espanien, esprechen, isch* und Probleme mit der Aussprache langer Vokale beeinträchtigen das Verständnis nicht.

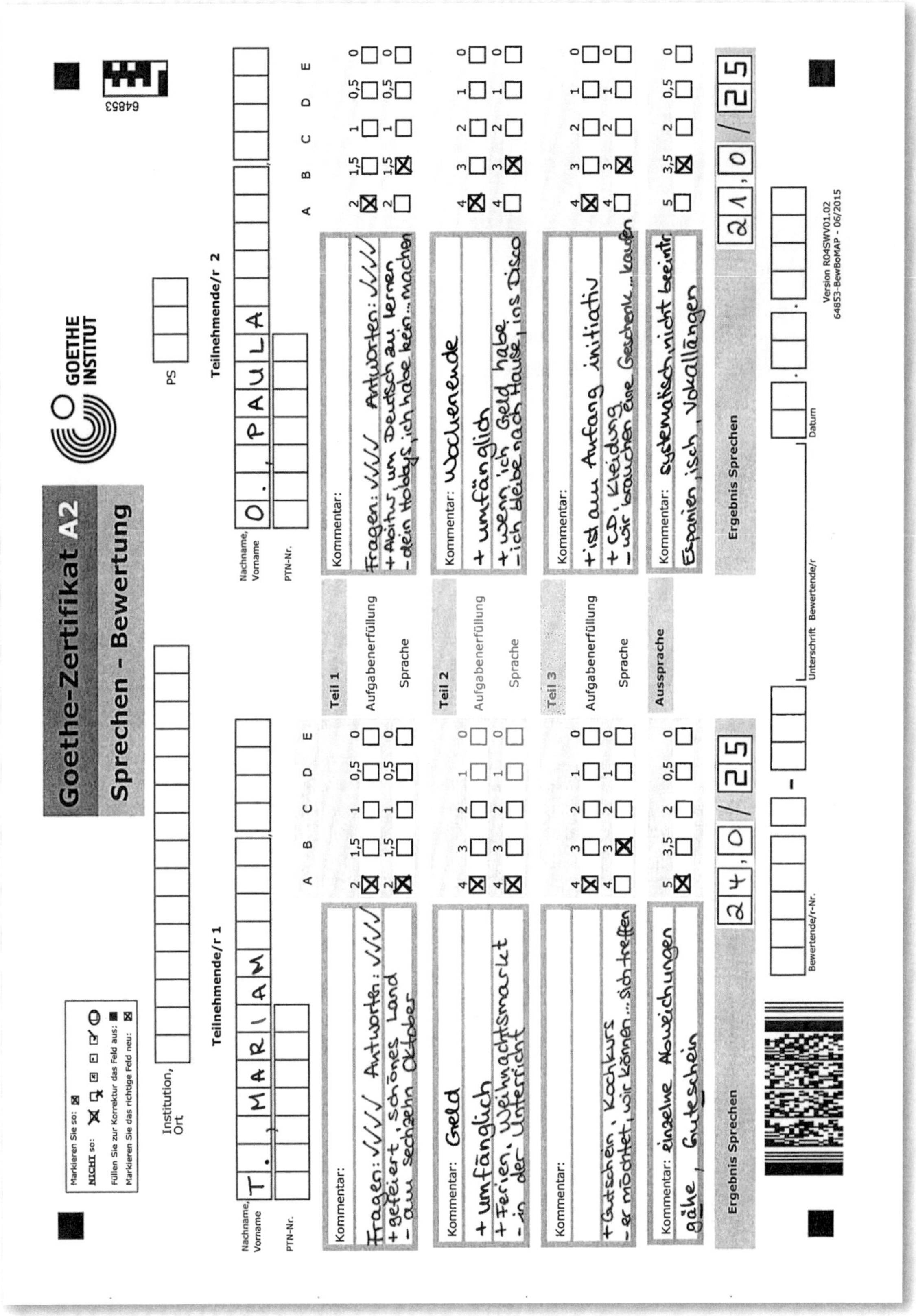
Markieren Sie so: ☒
NICHT so:
Füllen Sie zur Korrektur das Feld aus: ■
Markieren Sie das richtige Feld neu: ☒

Goethe-Zertifikat A2
Sprechen - Bewertung

GOETHE INSTITUT

64853

Institution, Ort

PS

Teilnehmende/r 1

Nachname, Vorname: T., MARIAM

PTN-Nr.

	A	B	C	D	E
Teil 1 – Kommentar: Fragen: ✓✓✓✓ Antworten: ✓✓✓✓					
Aufgabenerfüllung	2 ☒	1,5 ☐	1 ☐	0,5 ☐	0 ☐
Sprache – + gefeiert, schönes Land – am sechzehn Oktober	2 ☒	1,5 ☐	1 ☐	0,5 ☐	0 ☐
Teil 2 – Kommentar: Geld					
Aufgabenerfüllung – + umfänglich	4 ☒	3 ☐	2 ☐	1 ☐	0 ☐
Sprache – + Ferien, Weihnachtsmarkt – in der Unterricht	4 ☒	3 ☐	2 ☐	1 ☐	0 ☐
Teil 3 – Kommentar:					
Aufgabenerfüllung	4 ☒	3 ☐	2 ☐	1 ☐	0 ☐
Sprache – + Gutschein, Kochkurs – er möchtet, wir können ... sich treffen	4 ☐	3 ☒	2 ☐	1 ☐	0 ☐
Aussprache – Kommentar: einzelne Abweichungen gähe, Guteschein	5 ☒	3,5 ☐	2 ☐	0,5 ☐	0 ☐

Ergebnis Sprechen: 24,0 / 25

Teilnehmende/r 2

Nachname, Vorname: O., PAULA

PTN-Nr.

	A	B	C	D	E
Teil 1 – Kommentar: Fragen: ✓✓✓✓ Antworten: ✓✓✓✓					
Aufgabenerfüllung	2 ☒	1,5 ☐	1 ☐	0,5 ☐	0 ☐
Sprache – + Abitur, um Deutsch zu lernen – dein Hobbys, ich habe kein ... machen	2 ☐	1,5 ☒	1 ☐	0,5 ☐	0 ☐
Teil 2 – Kommentar: Wochenende					
Aufgabenerfüllung – + umfänglich	4 ☒	3 ☐	2 ☐	1 ☐	0 ☐
Sprache – + wenn ich Geld habe – ich bleibe nach Hause, ins Disco	4 ☐	3 ☒	2 ☐	1 ☐	0 ☐
Teil 3 – Kommentar:					
Aufgabenerfüllung – + ist am Anfang initiativ	4 ☒	3 ☐	2 ☐	1 ☐	0 ☐
Sprache – + CD, Kleidung – wir brauchen eine Geschenk ... kaufen	4 ☐	3 ☒	2 ☐	1 ☐	0 ☐
Aussprache – Kommentar: systematisch, nicht beeintr. Espanien, isch, Vokallängen	5 ☐	3,5 ☒	2 ☐	0,5 ☐	0 ☐

Ergebnis Sprechen: 21,0 / 25

Bewertende/r-Nr. – Unterschrift Bewertende/r – Datum

Version R04SWV01.02
64853-BewBoMAP - 06/2015

Leistungsbeispiel Jugendliche
Prüferin 1 (P1), Prüferin 2 (P2), Teilnehmende: Liz, Dyah

P1: Hallo. Herzlich Willkommen zum Goethe-Zertifikat A2 Fit in Deutsch. Mein Name ist Ekaterini Karamichali und das ist meine Kollegin Hilde Kirchner.
P2: Guten Tag.
P1: Und wie heißt du?
Liz: Ich heiße Liz. Ich bin fünfzehn Jahre alt und ich komme aus Brasilien.
P1: Und wo lernst du Deutsch?
Liz: Ich lerne Deutsch in meine Schule in S … [nuschelt]
P1: Danke. Und du, wie heißt du?
Dyah: Ich heiße Dyah. Ich bin viertschen Jahre alt und ich komme aus Indonesien. Ich lerne auch Deutsch in meiner Schule in Senior School … [nuschelt]
P1: Danke. Nun beginnt die Prüfung. Diese Prüfung hat drei Teile. Teil 1 ist ein Gespräch. Ihr stellt euch vor. Eine fragt und die andere antwortet. Wir geben ein Beispiel. Hilde, wo wohnt deine Familie?
P2: Ich wohne mit meinem Mann in Freiburg. Meine Eltern wohnen in der Nähe von Heidelberg und meine kleine Schwester studiert in Chicago.
P1: Danke. Interessant. Nimmt bitte vier Karten und lest. Möchtest du beginnen?
Liz: Ja.
P1: Du fragst und du antwortest bitte.
Liz: Dyah, hast du Geschwister?
Dyah: Ja ich habe tschwei Geschwister. Ich habe ein Bruder und eine Schwester. Mein Bruder ist siebtschehn Jahre alt und meine Schwester ist sechs Jahre alt.
Liz: Und, Dyah, sprichst du Deu … Englisch?
Dyah: Ja ich spreche Indonesisch, Englisch und ein bisschen Deutsch. Ich lerne beide Englisch und Deutsch in meiner Schule.
Liz: Dyah, was sind deine Hobbys?
Dyah: Ich mag Bücherlesen und Schreiben. Ich schreibe Geschichte und ich here gern Musik.
Liz: Die letzte: Wo wohnst du?
Dyah: Ich wohne in Besteh … Besteh ist eine kleine Stadt in Dangrang in die Sud of Javainsel nähe die Jakarta, die Hauptstadt of Indonesien.
P1: Danke. Jetzt fragst du bitte und du antwortest.
Dyah: Liz, woher kommst du?
Liz: Ich komme aus Brasilien. Is ein große Land in der Südamerika. Und mein Stadt ist in der Südwest of Brasilien.
Dyah: Was ist dein Lieblingsfach?
Liz: Mein Lieblingsfach ist Mathematik, weil ich Nummer mag und ich sehr leicht finde.
Dyah: Wie heißen deine Freunde?
Liz: Meine Freundin heißt Mariana und sie ist sehr, sehr schön. Sie ist fünfzehn Jahre alt auch. Und wir … mal ins Kino gehen und spazieren in der Stadt.
Dyah: Wann ist dein Geburtstag?
Liz: Mein Geburtstag ist am siebzehn September und ich mag September, weil in Brasilien Frühling ist und wir können viel Blumen sehen.
Dyah: Schön.
P1: [lacht] Danke. Das war Teil 1. In Teil 2 erzählt ihr uns etwas über euch und wir hören zu. … Ihr bekommt ein Aufgabenblatt.
Liz: Danke.
P1: Bitte. Lest bitte. [wartet] Dyah, erzähl bitte. Was machst du mit deinem Taschengeld?
Dyah: Ich mach Bücher lesen, so ich will mit meinem Taschengeld Bücher kaufen. Ich mach Roman lesen, ja. Aber ich mach auf Einkaufen. Manchmal kaufe ich Kleidung, eine Pullover und Jacke. Ich ich möchte mit meinem Taschengeld in die Stadt gehen und spatschieren gehen. Und ich will mit meinem Taschengeld für ein Handy sparen, ja. Und … vielleicht für … Uni, ja. Und ich … ich mach auf auch vielleicht CD oder Kassetten kaufen mit meinem Taschengeld.
P1: Danke. Ich hab' noch ein paar Fragen. Wo kaufst du gerne ein?
Dyah: Ich kaufe in Supermarkt und Mall ein, manchmal in H&M und Zara, ja.
P1: Und warum kaufst du dort ein?
Dyah: Weil … es … viele Option [englische Aussprache] gibt.
P1: Und wer gibt dir das Taschengeld?
Dyah: Meine Eltern.
P1: Deine Eltern. Danke. Liz, was machst du gerne am Wochenende?
Liz: Wenn es regnet, ich mag in Hause gehen und so kann ich lesen oder schreiben. Oder … Fernsehen mit meine Eltern oder meine Freunde. Aber ich mag spazieren mit meine Freunde in der Stadt oder ins Kino gehen und in Spa gehen, so könn wir können Volleyball spielen oder Fußball spielen. Und … ich mag … in meine Freundes Haus gehen und … wir spielen Video Game oder ein Spiel. Und … wenn ist Sommer, wir können in Spa gehen und fotografieren oder singen in und laufen, joggen.
P1: Danke. Ich hab auch noch ein paar Fragen. Machst du auch was mit deinem … mit deinen Eltern am Wochenende?
Liz: Ja, manchmal wir gehen ins shoppen oder nur ins Haus gehen, ein Film sehen.
P1: Und besuchst du jemanden in deiner Freizeit, am Wochenende?
Liz: So so [lacht]. Meine Freundin oder mein Cousins.
P1: Danke. Das war Teil 2. Danke. In Teil 3 plant ihr etwas zusammen. Ihr bekommt ein Aufgabenblatt. Lest bitte.
[wartet] Ihr wollt zusammen für Julias Geburtstagsfeier ein Geschenk kaufen. Findet bitte einen Termin.
Dyah: Okay [nuschelt]

PRÜFUNGSZIELE · TESTBESCHREIBUNG

Liz: Okay [nuschelt]. Dyah, kannst du am fünf Uhr ein Geschenke für Julia kaufen?
Dyah: Ich glaube nein, weil ich mit meinem Hund nach draußen muss, ja.
Liz: Okay. Und kannst du nal [nuschelt] sechs Uhr?
Dyah: Sechs Uhr? Nein, ich kann nicht. Ich möchte in die Arenakino gehen, ja.
Liz: Aber ... am acht Uhr in den Morgen kannst du?
Dyah: Acht Uhr, nein ich ich muss meine Hausaufgaben machen. Kannst du nach dem Mittagessen, m tschwei Uhr ... oder drei?
Liz: Drei Uhr ich kann. Aber sehr schnell, weil ich Fußballtraining habe.
Dyah: Ah.
Liz: Und ein Uhr? Mittagessen [nuschelt]
Dyah: Nein. Ich muss mit meiner Oma essen. Um zwölf Uhr, kannst du?
Liz: Ja.
Dyah: Ja?
Liz: Aber [lacht] Nei, ich kann nicht, oh, um sechs Uhr sehr schnell kannst du?
Dyah: Sechs Uhr? Ja, aber nur ein bisschen. Termin?
Liz: Okay.
Dyah: Ja? Wir können vielleicht auf der Mall, ja?
Liz: Ja. Wir können ins H&M gehen, aber [nuschelt]
Dyah: Wir können m eine Jacke oder ein Pullover für Julia.
Liz: Ja, sie is mag Kleidungen.
Dyah: Ja. Und wo woll wollen wir treffen?
Liz: In der Bahnhof oder ja.
Dyah: Ja okay. Hauptbahnhof?
Liz: Ja.
Dyah: Ja, okay.
P1: Okay, danke. Wann trifft ihr euch? Um wie viel Uhr?
Liz: Sechs Uhr.
Dyah: Sechs Uhr.
P1: Sechs Uhr okay. Danke. Wir sind am Ende der Prüfung. Vielen Dank und auf Wiedersehen.
Liz: Danke.
Dyah: Danke.
P2: Wiedersehen, tschüss.

Leistungsbeispiel Jugendliche – Bewertung Liz

Die Leistung entspricht dem oberen Bereich des Niveaus A2. Sie wurde vom Expertenteam mit 22,5 Punkten bewertet.

Bei Aufgabe 1 beantwortet sie alle Fragen und Antworten angemessen, situations- und partneradäquat. Ihr Wortschatz, z. B. *Mathematik, Nummer, September, Frühling, Blumen.* sowie das Angebot an Strukturen, z. B. *in der Stadt, am siebzehn September, weil ... Frühling ist* ist überwiegend angemessen. Sie verwendet auch gelungene Ausdrucksweisen: *Ich mag September, weil in Brasilien Frühling ist und wir können viel Blumen sehen.* Es gibt eine Reihe von Fehlern, z. B. *in der Südamerika, in der Südwest of Brasilien, ... Mathematik, weil ich Nummer mag, am siebzehn September,* die aber nicht verständnisstörend sind.

Aufgabe 2 bewältigt Liz angemessen, situations- und partneradäquat. Das Angebot an Wortschatz, z. B. *lesen, schreiben, Eltern, Freunde, Kino, Volleyball, Fußball, Sommer, Film, Cousins* sowie an Strukturen, z. B. *in der Stadt, ins Kino, wir können Volleyball spielen oder Fußball spielen* ist überwiegend angemessen. Ihr unterlaufen eine Reihe von nicht verständnisstörenden Fehlern: *in Hause gehen, mit meine Eltern oder meine Freunde, in Spa gehen, in meine Freundes Haus, wenn ist Sommer, mein Cousins.*

Liz erfüllt die Terminverhandlung in Aufgabe 3 sehr knapp aber inhaltlich angemessen, ihre Äußerungen sind situations- und partneradäquat. Der angebotene Wortschatz ist eingeschränkt, ihre Äußerungen gehen kaum über die Formulierung der Aufgabenstellung hinaus. Bei den angebotenen Strukturen ist eine wiederholte Verwendung von *Kannst du ... bemerkbar.* Als gelungene Ausdrucksweisen sind zu werten: *aber sehr schnell.* Als nicht verständnisstörende Fehler treten auf: *am 8 Uhr in den Morgen, sie mag Kleidungen, in der Bahnhof.*

Bei Lizs Aussprache gibt es bezogen auf die Anforderungen des Niveaus A2 hörbare Abweichungen, z. B. Explosive wie *sp* und *st.* Diese beeinträchtigen das Verständnis nicht.

Leistungsbeispiel Erwachsene – Bewertung Dyah

Dyahs Leistung entspricht dem Niveau von A2. Sie wurde vom Expertenteam mit 20 Punkten bewertet.

Bei Aufgabe 1 bewältigt sie alle Fragen und Antworten angemessen, situations- und partneradäquat. Der angebotene Wortschatz ist voll angemessen und differenziert: *Bruder, Schwester, Geschichten, Musik.* Das gilt auch für die Strukturen: *Ich lerne beide, in meiner Schule, eine kleine Stadt.* Es gibt aber eine Reihe von nicht verständnisstörenden Fehlern: *habe ein Bruder, ich schreibe Geschichte, in die Sud of Java-Insel, nähe die Jakarta, die Hauptstadt of Indonesien.*

Zum Thema Taschengeld spricht Dyah inhaltlich angemessen und formal situations- und partneradäquat. Der angebotene Wortschatz ist überwiegend angemessen: *Bücher, Roman, Kleidung, Pullover, Jacke, spazieren gehen, Handy, Uni, Supermarkt.* Das gilt auch für die Strukturen: *ich will mit meinem Taschengeld Bücher kaufen.* Gelungene Ausdrucksweisen sind z. B. *Ich will mit meinem Taschengeld für ein Handy sparen.* Englische Vokabeln wie *Mall, viele option* wurden als nicht verständnisstörend klassifiziert.

Bei der Terminvereinbarung in Aufgabe 3 verwechselt Dyah anfangs zweimal die Uhrzeiten auf dem Aufgabenblatt (sie muss schon um 16 Uhr mit dem Hund nach draußen und sie geht erst um 19 Uhr ins Kino). Dafür gibt es keinen Punktabzug, da sie dann auch initiativ wird und Vorschläge macht. Der angebotene Wortschatz ist angemessen: *Termin, Jacke, Pullover, Hauptbahnhof,* die Strukturen *weil ich mit meinem Hund nach draußen muss, nach dem Mittagessen, ich muss mit meiner Oma essen.* werden als angemessen und differenziert gewertet. Es treten einige Fehler auf: *in die Arena-Kino, Termin?* ist als Frage sehr verkürzt, *auf der Mall, ein Pullover, wo wollen wir treffen* sind aber nicht verständnisstörend.

Abweichungen in Dyahs Aussprache beeinträchtigen das Verständnis stellenweise. Zu nennen sind ch statt g (*mach* statt *mag*) und f statt ch (*auf* statt *auch*), z und r sind undeutlich. Außerdem verschleift Dyah die Wortgrenzen.

ERLÄUTERUNG DER PRÜFUNGSTEILE

6 Sprachliche Mittel

6.1 Sprachhandlungen

Die Sprachhandlungen definieren die sprachlichen Intentionen, die Teilnehmende im *Goethe-Zertifikat A2* realisieren sollen.

Informationsaustausch
- benennen/definieren/identifizieren
- beschreiben
- erklären
- berichten
- Mitteilung/Ankündigung
- Wissen/Unwissen
- Zweck und Bestimmung angeben
- Nachfrage

Bewertung, Kommentar
- Meinung/Ansicht
- Zufriedenheit/Unzufriedenheit
- Gefallen/Missfallen
- Interesse/Desinteresse
- Zustimmung/Ablehnung
- Wunsch
- Billigung/Missbilligung
- Vorlieben
- Wichtigkeit
- verneinen/Widerspruch
- Beschwerde
- Rechtfertigung/Begründung

Gefühlsausdruck
- Freude/Bedauern
- Neigung/Abneigung
- Gelassenheit/Gleichgültigkeit
- Mitgefühl
- Schmerz
- Erstaunen/Überraschung
- Hoffnung
- Sorge/Befürchtung
- Sympathie/Antipathie
- Enttäuschung

Handlungsregulierung
- Bitte/Aufforderung
- Bestätigung
- Hilfe anbieten/annehmen und ablehnen
- Bestellung/Wunsch
- Verabredung
- Erlaubnis/Verbot
- Rat/Empfehlung/Warnung
- Vorschlag
- Einladung
- Versprechung

Soziale Konventionen
- Kontaktaufnahme: ansprechen
- grüßen
- sich/jemanden vorstellen
- über das Befinden sprechen
- gute Wünsche
- Gratulation
- ein Kompliment machen
- Dank
- Entschuldigung
- Verabschiedung

Informationsaustausch

benennen/ definieren/ identifizieren
- Alle Schüler kommen aus Russland.
- Das ist Wolfgang/Frau Brandt/mein Bruder.
- Das ist ein Musikinstrument.
- Was ist das deutsche Wort für …
- Auf Deutsch sagt man „Obst".
  Wer kann das Wort erklären?
- Was braucht man zum Schreiben?
- Welche Unterrichtsfächer findest du interessant/langweilig?
- Er ist ein typischer Norweger.
- Von Beruf ist meine Mutter Ärztin.
- Der Computer gehört mir.
- Was für einen Pullover hast du gekauft?

beschreiben
- Kannst du sie beschreiben? Sie ist blond, nicht sehr groß und hat grüne Augen.
- Palermo ist eine große Stadt in Süditalien und liegt am Meer.

erklären
- Wie macht man das? Wie geht das?
- Du musst zuerst den Computer anmachen und dann siehst du alles.

berichten
- Ich war im Sommer in Berlin.
- Ich habe in den Ferien einen Deutschkurs gemacht.
- Was ist passiert? Michael hatte einen Unfall und liegt jetzt im Krankenhaus. Er ist aber nur leicht verletzt.

Mitteilung/ Ankündigung
- Die Party ist am Samstag um halb acht.
- Wir treffen uns am Samstag vor der Schule.
- In den Ferien fahre ich zu meiner Tante nach Paris.
- Wann schreiben wir den Englischtest?
  Am nächsten Donnerstag in der ersten Stunde.

Wissen, Unwissen
- Weißt du das? – Ja./Nein./Noch nicht.
- Bist du sicher? Weißt du das genau?
- Ich bin (nicht) sicher.
- Sie kommt bestimmt/wahrscheinlich.
- Vielleicht hat sie es vergessen.

Nachfrage
- Wir treffen uns am Mittag vor der Schule.
  Wann genau?
- Um halb eins.

Zweck und Bestimmung angeben
- Das Geschenk ist für Peter.
- Was ist das? Das brauche ich für meinen Motorroller.
- Wie geht das? Das geht so: Du musst …
- Was kann man mit dem Computer machen?
  Mit dem Computer kann man alle neuen Spiele machen.

Bewertung, Kommentar

Meinung/ Ansicht
- Was denkst/meinst du?
- Ich glaube/denke, ….

Zufriedenheit/ Unzufriedenheit
- Wie waren die Ferien? Toll./Gut./ Nicht (so) gut./Schlecht.
- Ich freue mich, dass du kommst.
- Der Film ist sehr gut.
- Bis du mit dem neuen Lehrer zufrieden?
  Ja, es geht. Nein, gar nicht.
- Ich bin sehr zufrieden mit meinem neuen Motorrad.
- Ich habe keine Lust mehr.
- Ich habe mich sehr geärgert, weil er mich nicht eingeladen hat.

Gefallen/ Missfallen
- Gefällt dir mein Pullover? Ja, der ist toll./ Nein, ich finde den Pullover nicht schön.
- Ich finde den Film langweilig/lustig.
- Ja, die CD ist toll/fantastisch/wunderbar./ Nein, ich finde sie nicht gut.
- Ich finde den Roman spannend/langweilig.
- Ich bin zufrieden.
- Ich finde die Stadt hübsch/hässlich.
- Ist das nicht toll?
- Das mag ich gerne/gar nicht.
- Das ist doch Unsinn.
- Das kann man doch nicht machen.
- Physik ist mein Lieblingsfach.

Interesse/ Desinteresse
- Was sind deine Hobbys?
- Spielst du gern Fußball? Ja, sehr gern./Nein.
- Was machst du in deiner Freizeit?
  Am liebsten treffe ich meine Freunde.
- Gehst du gern ins Kino? Ja gern./ Nein, ich sehe lieber fern.
- Fußball interessiert mich nicht. Ich finde Tennis interessant.

Zustimmung/ Ablehnung
- Ich bin einverstanden/nicht einverstanden.
- Das finde ich toll/langweilig
- Das ist in Ordnung. Genau.
- Das ist eine tolle Idee.
- Stimmt das? Klar./Sicher./Natürlich./ Nein, das stimmt so nicht.
- Ich denke, das ist richtig/falsch. Das finde ich auch/nicht.

Wunsch
- Was wollen wir heute machen?
- Willst du in die Disco?
- Was wünschst du dir zum Geburtstag?
  Ich wünsche mir/Ich hätte gern ein Handy.
- Ich wünsche dir viel Spaß.
- Ich möchte ein neues Fahrrad.

Billigung/ Missbilligung
- Wie findest du das?
- Ich finde das (nicht) gut.
- So geht das nicht!

Vorlieben
- Hörst du lieber Rap oder Hip Hop?
  Ich höre lieber Rap.
- Wohin fährst du am liebsten in den Ferien?
  Am liebsten fahre ich ans Meer.
- Welcher Sport gefällt dir am besten?
  Fußball gefällt mir am besten.

Wichtigkeit
- Ist das wichtig? Das ist (sehr) wichtig./ Das ist nicht so wichtig.
- Dieses Wort ist wichtig.
- Muss das sein? Ja, sofort.
- Vergiss ja die CD nicht.

Verneinen/ Widerspruch
- Nein!/Das mache ich nie!
- Die Antwort ist falsch.
- Ich glaube das nicht.
- Also, ich weiß nicht.
- Du hast nicht recht.
- Auf keinen Fall.

Beschwerde
- Das ist zu teuer.
- Es ist zu kalt.
- Der Automat geht nicht.
- Das Moped ist kaputt.

GOETHE-ZERTIFIKAT A2

Rechtfertigung/	– Warum kommst du nicht? Ich habe keine Lust.	**Handlungsregulierung**	
Begründung	– Sie ist krank. Deshalb bleibt sie zu Hause.		
	– Warum …? Weil ich noch Hausaufgaben machen muss.	**Bitte/**	– Zeigst du mir deinen Computer?
		Aufforderung	Ja gern./Nein.
Gefühlsausdruck			– Kann ich das Buch haben? Ja./Nein, das ist nicht mein Buch.
Freude/	– Das ist toll!		– Wie spät ist es? Es ist halb acht.
Bedauern	– Ja, das finde ich auch.		– Mach bitte die Tür auf! Ja, sofort./Nein, ich kann nicht.
	– Ich bin froh.		– Gib mir bitte das Heft! Ja, gleich./Nein, ich finde das Heft nicht.
	– Leider kann ich nicht kommen.		– Könntest du mir helfen? Ja./Sofort./ Vielleicht. / Jetzt nicht. / Nein, tut mir leid.
	– Das tut mir leid.		– Ich hätte gern eine CD von …
	– Der Sprachkurs macht mir viel Spaß.	**Bestätigung**	– Die Antwort ist richtig.
	– Ich freue mich, dass du kommst.		– Richtig? Ja!/Nein!/Doch!
	– Schön, dass du mitkommst.		– Ist das so richtig? Aber natürlich. / Klar. / Sicher.
	– Schade, dass es morgen nicht klappt.	**Hilfe anbieten/**	– Kann ich helfen?
Neigung/	– Magst du Pizza? Ja, gern./Nein, das schmeckt mir nicht.	**annehmen**	– Ja, gern. / Klar. / Sicher. / Danke. / Nein danke.
Abneigung	– Isst du gern Fisch?	**und ablehnen**	– Wollen wir das zusammen machen? Ja, du kannst mir helfen. / Das ist lieb/nett. / Nein danke, ich kann es alleine.
Gelassenheit/	– Ärgerst du dich über das Zeugnis?	**Wunsch**	– Ich möchte nach Deutschland fliegen.
Gleichgültigkeit	Das ist mir ganz egal.		– Ich will morgen ins Schwimmbad.
	– Das interessiert mich nicht.		– Ich hätte gern eine Fahrkarte.
	– Das ist mir doch gleich.		– Kannst du mir bitte den Bleistift geben?
	– Stört dich das nicht? Da kann man nichts machen.	**Verabredung**	– Hast du am Mittwoch Zeit? Ja, wann? / Vielleicht. / Ich weiß es nicht.
Mitgefühl	– Das tut mir leid.		– Treffen wir uns um acht vor dem Kino? Ja, das passt mir.
	– Das finde ich traurig.	**Erlaubnis/**	– Kann ich zu dir kommen? Ja. / Nein, heute nicht.
	– Es tut mir so leid, dass du Zahnschmerzen hast.	**Verbot**	– Kann ich die CD haben? Ja. / Nein.
Schmerz	– Mein Kopf tut so weh.		– Darf man hier fahren? Ja, klar. /Nein, das ist verboten.
	– Ich habe Halsschmerzen.		– Darfst du heute Abend weggehen? Ja, meine Eltern erlauben das. / Nein, meine Mutter hat es verboten.
	– Ich habe starke Schmerzen.	**Rat/**	– Der Film ist wunderbar.
Erstaunen/	– Willst du das wirklich machen?	**Empfehlung/**	– Das Wasser ist zu kalt.
Überraschung	– Das ist ja toll!	**Warnung**	– Du musst gut aufpassen.
	– Das ist doch verrückt.		– Was soll ich machen?
	– Das ist aber komisch.		– Schreib es auf! Mach es gleich! Pass auf!
	– Ja, wirklich komisch.		– Das ist zu gefährlich.
	– Das kann ich nicht glauben.		– Sei vorsichtig! Achtung!
	– Das ist doch nicht möglich.	**Vorschlag**	– Gehen wir heute in die Disco? Ja, gern.
Hoffnung	– Ich hoffe, du kommst heute.		– Kommst du mit ins Schwimmbad? Das ist eine tolle Idee. / Nein, keine Lust.
	– Hoffentlich finde ich das Heft.		– Darf ich etwas vorschlagen?
	– Ich hoffe, dass er heute pünktlich ist.		– Wollen wir die Hausaufgaben zusammen machen? Einverstanden./Ich bin dafür/dagegen.
Sorge/	– Hast du Angst?	**Einladung**	– Kommst du heute zu mir? Ja, toll. / Nein, ich kann nicht. / Es tut mir leid, aber ich habe keine Zeit.
Befürchtung	– Ich kann die Hausaufgaben nicht machen.		– Komm doch heute Nachmittag zu mir.
	– Mach schnell. Es ist schon sehr spät.		– Bleib doch noch ein bisschen.
	– Was ist los?		– Komm rein. / Setz dich!
	– Wann antwortet er denn endlich?		– Ich lade dich zu meinem Geburtstag ein.
	– Warum ruft sie nicht an? Hoffentlich ist nichts passiert.		– Willst du mit mir essen?
Sympathie/	– Ich mag Sabine (sehr) gern.		
Antipathie	– Ich finde Frau Berger nicht sympathisch.		
	– Ich bin total in sie/ihn verliebt.		
Enttäuschung	– Warum kommst du nicht mit?		
	– Das ist aber schade!		
	– Schade, dass es nicht klappt.		
	– Da kann man (leider) nichts machen.		

SPRACHLICHE MITTEL

Versprechung	– Ich komme nach der Schule. – Morgen gehen wir zusammen zu Bodo. – Wirklich? Versprochen? / Ganz sicher. Bestimmt.	**ein** **Kompliment** **machen**	– Du bist toll. – Tolle Frisur / Fantastisches Kleid! – Du siehst gut / wunderbar aus. – Das ist sehr nett / lieb / freundlich. – Das ist wunderbar.

Soziale Konventionen

Kontakt-
aufnahme:
ansprechen
	– Hallo!
	– Michael!
	– Heißt du Miriam? Nein, ich bin Michaela.
	– Telefon: Hallo, ich bin es, Meike. /
	  Guten Tag, kann ich mit Britta sprechen?
	– Mail: Hallo …
	– Brief: Liebe/-r Meike / Micha … / Liebe Frau /
	  Lieber Herr Maier
		Dank
		
		Entschuldigung
		
		Verabschiedung
			– Danke, Dankeschön.
			– Vielen Dank für dein Geschenk.
			– Herzlichen Dank.
			– Entschuldigung.
			– Kein Problem.
			– Das tut mir sehr / schrecklich / furchtbar leid.
			– Das macht nichts.
			– Tschüss!
			– Bis bald / später!
			– Auf Wiedersehen.
			– Brief: Viele / herzliche / liebe Grüße.

grüßen	– Guten Tag / Hallo, Bodo. – Hi, Marika. – Guten Morgen/Tag/Abend. – Gute Nacht, Silke. – Hallo, wie geht es dir? Danke, (sehr) gut/es geht. – Und dir? – Herzlich willkommen! – Viele Grüße von Angelika.		
sich/jemanden **vorstellen**	– Ich heiße Nina. – (Hallo) Ich bin Marko. – Ich bin Marco Gellner. – Mein Name ist Erkan. – Mein Name ist Erkan Özlem. – Das ist Anna. – Sie heißt Pia. – Kennst du Micha? Ja klar/natürlich. / Nein, noch nicht.		
über das **Befinden** **sprechen**	– Wie geht es dir? Gut. / Nicht so gut. / Schlecht. – Geht es dir gut? Ja, super. / Nein, nicht so gut. – Ich bin heute (nicht) fit. Prima! / Was ist los?/Was ist passiert? / Was hast du?		
gute Wünsche	– Frohe Weihnachten! – (Ich wünsche dir) schöne Ferien! – Gute Reise! – Guten Appetit! – Viel Glück! *Viel Spaß! – (Herzlichen) Glückwunsch! – Frohe Weihnachten! – Ich gratuliere dir zum Geburtstag!		

6.2 Strategien

Hier sind Redemittel aufgelistet, die es den Lernenden ermöglichen, über den rein funktionalen Bereich der Sprachhandlungen hinaus kommunikative Aufgaben in authentischen Kontexten zu lösen. Dabei haben die verständnissichernden Kompensationsstrategien auf den Niveaustufen A1 und A2 vor den redeorganisierenden Diskursstrategien ein besonderes Gewicht.

Redeorganisation
- eine Äußerung einleiten
- eine Äußerung abschließen
- um das Wort bitten
- Zuhören signalisieren
- zum Sprechen auffordern
- Beispiele geben
- Vermeidung
- Höflichkeit
- Abschwächung

Verständnissicherung
- Verständnishilfen anbieten
- um Verständnishilfen bitten

Kompensation

PRÜFUNGSZIELE · TESTBESCHREIBUNG

Redeorganisation

eine Äußerung einleiten	– Entschuldigung …
	– Entschuldige, hast du einen Moment Zeit?
	– Kann ich etwas fragen?
	– Kannst du mir helfen?
	– Hallo!
	– Hallo, Chris! Wie waren deine Ferien?
	– Sag mal: wo ist denn …
eine Äußerung abschließen	– Danke. Ich muss jetzt leider gehen.
	– Okay, tschüss, bis bald.
	– Gut: …
	– Na gut.
	– Dann herzlichen Dank/auf Wiedersehen.
	– Entschuldigung, ich muss jetzt weg.
	– Also, bis heute Mittag.
	– Danke für deine Hilfe.
um das Wort bitten	– Bitte.
	– Ich möchte (noch) etwas sagen.
Zuhören signalisieren	– Ja?/So?/Wirklich?
	– Bitte?
	– (Na) klar.
	– Und (dann)?
um Sprechen auffordern	– Also?
	– Ja?
	– Und?
	– Ja, bitte!
	– Sag!
	– Erzähl!
	– Fängst du bitte an?
gemeinsames Wissen	– Nein, heute nicht. Da spielen wir doch Fußball.
	– Du weißt ja, dass Micha krank ist.
Beispiele geben	– Ich habe viele Hobbys, zum Beispiel Fußball spielen und Musik hören.
	– Meine Familie, also das sind: mein Vater Bruno, Anna, meine Mutter und mein Bruder Fabio.
Vermeidung	– Potsdam liegt … ja, das liegt nahe bei Berlin.
	– Wie viele waren gestern beim Fußball? Hm; vielleicht zehn oder so.
	– Kommst du mit? Ach nein, ich muss meiner Mutter helfen.
Höflichkeit	– Kann ich dir helfen?
	– Entschuldigung.
	– Darf ich noch ein Stück Torte haben?
Abschwächung	– Möchtest du noch etwas? Ja, ein bisschen.
	– Eigentlich hast du ja recht.

Verständnissicherung

Verständnishilfen anbieten

einzelne Wörter oder Begriffe umschreiben	– Küche: Da kann man das Essen machen.
	– Gabel und Messer: Das braucht man beim Essen.
	– Eine Insel ist zum Beispiel Zypern oder Rügen.

um Verständnishilfen bitten

signalisieren, dass man nicht verstanden hat	– Entschuldigung, wie bitte?
	– Kannst du bitte langsamer sprechen, ich habe das nicht verstanden.
	– Das (Wort) verstehe ich nicht.
um Wiederholung bitten	– Noch einmal bitte.
	– Kannst du das noch einmal sagen?
	– Wie bitte?
sich bestätigen lassen, ob man richtig gehört bzw. den Kontext richtig verstanden hat	– Entschuldigung, habe ich das richtig verstanden?
	– Hast du „dreizehn" oder „dreißig" gesagt?
	– Wie meinst du das?
um Erläuterung bitten	– Entschuldigung, wie heißt das?
	– Ich kenne das Wort nicht. Kannst du es erklären?
jemanden bitten, etwas aufzuschreiben	– Wie schreibt man …?
	– Kannst du das bitte schreiben?
jemanden bitten, langsamer zu sprechen	– Kannst du bitte langsamer sprechen?
Hilfestellung beim Formulieren	– Meinst du vielleicht …?
Rückfragen zur Verständnissicherung	– Hab ich richtig verstanden? Wir treffen uns bei Eva.
	– Tut mir leid, ich kann dich nicht verstehen.
Anzeigen, dass man etwas nicht verstanden hat	– Ich glaube, das habe ich nicht (richtig) verstanden.
	– Tut mir leid, ich kann dich nicht verstehen.

Kompensation

Wörter und Begriffe umschreiben	– Ich muss noch die … ich weiß nicht, wie man das sagt – Übung für die Schule – machen. Wie sagt man? Ja, die Hausaufgaben.
Synonyme oder ähnliche Begriffe verwenden	– Ich habe zwei … – einen Bruder und eine Schwester.
Selbstkorrektur	– Ich gehe nach Schule … nein, in die Schule.
	– Entschuldigung, ich sage es noch einmal: …
ausdrücken, dass man ein Wort nicht kennt oder es vergessen hat	– Wie sagt man das auf Deutsch? Auf ………. heißt es / sagt man …
	– Jetzt weiß ich das Wort nicht mehr.
	– Ich habe das Wort vergessen.
nachfragen, ob man verstanden wurde	– Hast du das verstanden?
	– Ich spreche nicht gut Deutsch. Hast du mich verstanden?

SPRACHLICHE MITTEL

6.3 Notionen

Die Notionen definieren, über welche allgemeinsprachlichen Ausdrucksmittel die Teilnehmenden der Prüfung *Goethe-Zertifikat A2* bzw. in der deutschen Sprache verfügen sollen. Notionen sind nicht an bestimmte Handlungssituationen oder Themen gebunden.

Existenz von Personen und Dingen, Besitz/Zugehörigkeit ausdrücken
- (nicht) sein
- anwesend / abwesend sein
- (nicht) verfügbar sein
- Inklusion / Exklusion
- Besitz / Zugehörigkeit ausdrücken

Quantität angeben
- Zahlen / Mengenangaben
- Menge
- Grad
- Dimension / Maßangabe

Art und Weise angeben
- physisch
- Wertung
- Vergleich

Raum definieren
- Ort
- Herkunft
- Richtung
- Distanz

Logische Verknüpfung herstellen
- Grund
- Bedingung
- Aufzählung / Alternative

Zeit angeben
- Zeitpunkt
- Zeitangaben
- Dauer
- Häufigkeit
- Vorzeitigkeit / Nachzeitigkeit
- Gegenwart / Zukunft / Vergangenheit

Modales ausdrücken
- Fähigkeit
- Möglichkeit
- Notwendigkeit / Verpflichtung

Existenz von Personen und Dingen, Besitz / Zugehörigkeit ausdrücken

(nicht) sein	– Es gibt hier keinen Bahnhof.
	– Gibt es hier ein Schwimmbad?
anwesend / abwesend sein	– Peter ist heute nicht da.
	– Ist Herr Neumann da?
	– Ich glaube, heute ist niemand da.
	– Meine Freundin kommt gleich.
	– Tut mir leid, Herr Brandt ist schon weg.
(nicht) verfügbar sein	– Ich habe ein Fahrrad.
	– Leider habe ich kein Geld mehr.
	– Wir haben nichts gefunden.
(nicht) geschehen	– Was ist hier los?
	– Das ist gestern passiert.
Inklusion / Exklusion	– Ich fahre mit meinen Eltern in die Ferien.
	– Er kommt ohne Auto.
Besitz / Zugehörigkeit ausdrücken	– Natürlich gehört das mir!

Quantität angeben

Zahlen / Mengen- angaben	– Was/Wie viel kostet das? Ein Euro fünfzig.
	– Ein Kilo Kartoffeln, ein Glas Wasser, ein Teller Suppe, eine Flasche Apfelsaft, eine Tasse Tee / 1 Liter / 500 Gramm.
	– Ein halbes Hähnchen.
	– Ein paar Äpfel, ein bisschen Gemüse, viele Kartoffeln.
	– Ich habe alles / nur noch wenig / nichts mehr.
Menge	– Wie viel möchtest du? (Nicht) Alles / Viel / Ein bisschen, bitte.
	– Ich habe nichts mehr / nur noch wenig.
	– Du hast fast alles/ nichts gegessen.
Grad	– Das ist ziemlich/ sehr/ viel zu/ nicht so schwierig.
	– Er hat nur wenig Interesse für uns.
Dimensionen / Maßangabe	– Das ist lang / groß / klein / schwer / warm / kalt / schnell / langsam.
	– Das ist ganz einfach.
	– Wie lang ist das? 1,50 Meter. / Das ist zu kurz.

Art und Weise angeben

physisch	– Das Essen schmeckt wunderbar.
	– Mein neuer Pullover ist rot, grün, blau …
	– Angelika ist 15 Jahre alt.
	– Das Museum ist heute geschlossen / offen.
	– Er ist krank / gesund. / Es geht ihm gut.
	– Das ist aus Plastik / Holz / Glas.
Wertung	– Diese Sache ist teuer / billig/(nicht) in Ordnung / (nicht) wichtig / (nicht) richtig/ (nicht) leicht.
	– Die Übung ist nicht schwierig.
	– Diesen Film finde ich besser.
	– Das hast du falsch gemacht, am besten versuchst du es noch einmal.
Vergleich	– Ich bin so groß wie meine Freundin.
	– Wir sind gleich groß / alt.
	– Ich bin älter als du.
	– Der rote Pullover ist viel teurer als der weiße.

Raum definieren

Ort	– Miriam wohnt in Hamburg bei ihren Eltern.
	– Hier / dort / da steht mein neues Fahrrad.
	– Meine Schwester ist zu Hause / in der Schule.
	– Hamburg ist in Norddeutschland.
	– Ich wohne in Soest, das ist in der Nähe von Köln.
	– Die Breite Straße ist im Zentrum.
	– Im Süden / Norden / Westen / Osten.
	– Das ist hier / dort / in der Mitte / am Ende der Straße.
Herkunft	– Woher kommst du?
	– Ich komme aus Polen.
	– Um acht gehe ich aus dem Haus.
	– Kommst du jetzt vom Arzt?
Richtung	– Wir gehen (fahren) nach Hause, in die Schule, ans Meer, nach Deutschland, zu meiner Freundin.
	– Gehen Sie hier rechts in die Bahnhofsstraße, dann immer geradeaus und bei der Ampel links in die Poststraße.
Distanz	– Bis zur Schule ist es nicht weit, nur zehn Minuten.
	– Wie weit ist es von hier bis zum Hauptbahnhof?

Logische Verknüpfung herstellen

Grund	– Warum ist Miriam heute nicht in der Schule? Sie ist krank. / Weil sie krank ist.
	– Miriam ist krank, deshalb kommt sie nicht.
Bedingung	– Kann ich das Buch haben? Ja, aber du musst es mir morgen zurückgeben.
	– Wenn es regnet, bleiben wir zu Hause.
Aufzählung / Alternativen	– Ich esse gern Brot und Kartoffeln und Fleisch.
	– Möchtest du Wasser oder Cola?
	– Wir gehen erst einkaufen und dann ins Café.

Zeit angeben

Zeitpunkt	– Wann kommst du?
	– Um drei. / Heute Nachmittag.
	– Wie spät ist es?
	– Es ist jetzt 6 Uhr.
	– Die Schule geht bis halb zwei.
Zeitangaben	– Wir fahren im Juli ans Meer.
	– Die Ferien beginnen nächste Woche.
	– Am Morgen / Morgens bin ich immer müde.
	– Am Abend/Abends etc. treffe ich meine Freunde.
	– Wann bist du geboren?
Dauer	– Wir bleiben drei Tage in Rom.
	– Wir wohnen schon lange in Livorno.
	– Wir bleiben bis Montag hier.
	– Von acht bis eins haben wir Schule.
	– Der Film dauert zwei Stunden.
Häufigkeit	– Gehst du oft in die Disco?
	– Manchmal. / Oft. / Nie. / Zwei Mal im Monat.
	– Fährst du jedes Wochenende nach Hause?
	– Abends bin ich immer zu Hause.
Vorzeitigkeit / Nachzeitigkeit	– Ich rufe dich vor dem Unterricht an. / Die Hausaufgaben mache ich nach dem Essen.
	– Du kommst zu früh/zu spät.

Gegenwart,	– Was machst du heute / jetzt ?
Zukunft,	– Morgen / Bald / Später kommt mein Vater
Vergangenheit	nach Hause.
	– Gestern / Vor einer Woche war ich in Berlin.
	– Er war gerade noch hier.
	– Ich habe Angelika letzte Woche gesehen.
	– Morgen Nachmittag / Abend / Mittag treffen wir uns wieder.
	– Ich rufe dich gleich / später / morgen / nächste Woche an.
	– Nächste Woche / Nächsten Monat / Nächstes Jahr kommt er.
	– Am Dienstag / Morgen früh / In zwei Tagen bin ich zu Hause.

Modales ausdrücken

Fähigkeit	– Kannst du Tennis spielen? Ja, ein bisschen / gut. / Natürlich. / Leider nicht.
	– Ich weiß nicht, wie man das macht.
Möglichkeit	– Ich kann morgen um acht Uhr bei dir sein.
	– Vielleicht sehen wir uns morgen.
Notwendigkeit	– Du musst mir helfen!
	– Kannst du sofort kommen? Es ist wichtig.

6.4 Themen

Person
- Name
- Adresse
- Telefon
- Geburtsdatum
- Geburtsort
- Alter
- Geschlecht
- Familienstand / Familie
- Persönliche Beziehungen
- Staatsangehörigkeit / Nationalität / Herkunft
- Berufliche Tätigkeit
- Aussehen
- Gewohnheiten / Tagesablauf

Jugendliche
- Freunde
- Lehrer
- Klassenkameraden
- Lieblingstiere, Haustiere

Menschlicher Körper / Gesundheit
- Körperteile
- Körperpflege / Hygiene
- Befinden
- Krankheit
- Unfall
- Rauchen / Drogen / Alkohol
- Medizinische / ärztliche Versorgung

Wohnen
- Art, Lage und Größe der Wohnung
- Räume / eigenes Zimmer
- Einrichtung / Möbel
- Haushalt / technische Einrichtungen
- Miete / Mietverhältnis
- Wohnungswechsel

Umwelt
- Gegend / Stadt / Land
- Pflanzen / Garten
- Tiere
- Klima / Wetter

Reisen / Verkehr
- privater und öffentlicher Verkehr
- Reisen
- Unterkunft
- Gepäck

Essen / Trinken
- Nahrungsmittel
- Mahlzeiten
- Speisen
- Getränke
- Lokale (Restaurant, Café)

Einkaufen / Gebrauchsartikel
- Geschäfte
- Lebensmittel
- Kleidung
- Haushaltsartikel

Jugendliche
- Schulsachen
- Unterhaltungsmedien
- Spiele

Dienstleistungen
- Post
- Telekommunikation
- Banken
- Versicherungen
- Polizei
- Konsularische Vertretung

Erziehung / Ausbildung / Lernen
- Kinderbetreuung
- Schule / Unterricht
- Studium
- Berufliche Ausbildung
- Sprachen lernen
- Prüfungen

Arbeit / Beruf
- Berufliche Tätigkeit
- Berufliche Ausbildung / Qualifikation
- Arbeitsplatz
- Lohn / Gehalt
- Arbeitszeit
- Urlaub

Freizeit / Unterhaltung
- Hobby / Interessen
- Kulturelle Veranstaltungen
- Sportveranstaltungen / Sport treiben
- Radio / Fernsehen / Musik
- Internet / (Mobil-) Telefon / Soziale Netzwerke
- Lektüre / Presse
- Gesellige Anlässe / Feiertage / Feste

Jugendliche
- Schulferien
- Freunde treffen
- Etwas mit der Familie unternehmen
- Computer- und Online-Spiele
- Malen / Zeichnen / Basteln [96]

---
96 BITKOM, Studie „Bildung 2.0, Digitale Medien in Schulen"; darin „Liebste Freizeitbeschäftigungen"

6.5 Wortschatz

Die vorliegende Liste ist in erster Linie für Prüfende und Testautoren und -autorinnen gedacht, kann aber auch Unterrichtenden als Orientierung bei der Prüfungsvorbereitung nützen. Als Unterrichtsmaterial für Lehrende oder Lernende ist sie nicht gedacht. Die Einträge in den Wortlisten sind alphabetisch geordnet und nicht – wie in handlungsorientierten Unterrichtskonzepten üblich – in thematische Blöcke oder Wortfelder unterteilt.

Der dem *Goethe-Zertifikat A2* zugrunde liegende Wortschatz umfasst circa 1300 lexikalische Einheiten, die Deutschlernende auf der Niveaustufe A2 kennen sollten. [97] Er ist sowohl für die Jugendprüfung wie für die Erwachsenenprüfung anzuwenden. Welche Wörter und Ausdrücke in einem Prüfungssatz vorkommen, hängt u. a. von den Inhalten und Themen der jeweiligen Aufgaben ab. Es wird von den Prüfungsteilnehmenden erwartet, dass sie den hier vorliegenden Wortschatz zumindest rezeptiv beherrschen, d. h. dass diese beim Bearbeiten der geschriebenen Texte verstanden werden müssen. Wörter innerhalb der Hör- und Lesetexte, die zum Verständnis und zum Erfüllen der Aufgabe nicht notwendig sind, erscheinen nicht in der Wortschatzliste. Als aktiver Wortschatz sollte einem Lernenden auf dieser Stufe etwa die Hälfte dieser Einträge zur Verfügung stehen.

Dem Wortschatz liegt die bundesdeutsche Standardvariante zugrunde. Auswahlkriterium bei der Zusammenstellung war die Relevanz eines Wortes im alltäglichen, zeitgemäßen Gebrauch der deutschen Sprache, vor allem im privaten und öffentlichen Bereich, aber auch in Beruf, Schule und Ausbildung. Anglizismen, inklusive Abkürzungen, sowie zahlreiche Einträge aus dem Bereich der neuen Medien (z. B. *CD, DVD, Club*) belegen die Aktualität der Auswahl.

Einige frequente thematische Gruppen wie *Zahlen, Währungen, Länder* etc. wurden der alphabetischen Liste als Wortgruppenliste vorangestellt. Dazu zählen auch technische Wörter, die zum Verständnis der Anweisungen in den Prüfungsaufgaben unerlässlich sind, z. B. *Antwortbogen* und *Lösungen*. Jeder Eintrag kommt entweder in einer der Wortgruppen oder und in der alphabetischen Liste vor.

Bei der alphabetischen Liste standen Aspekte der Praktikabilität für die tägliche Arbeit von Testautorinnen und -autoren und ähnlichen Verwendern im Vordergrund. Dabei wurde auf den Bezug zum Sprachniveau A2 sowie auf Ökonomie geachtet: Bei Verben werden die Verbformen Infinitiv, 3. Person Präsens und Partizip Perfekt angeführt, das Präteritum wird auf dem Niveau A2 aktiv noch nicht beherrscht, außer bei Modal- und Hilfsverben. Nomen sind mit Artikel angegeben, Pluralformen werden angeführt, sofern deren Verwendung nicht über dem Niveau A2 liegt, wie beispielsweise bei *Geld, Gelder*. Weibliche Formen werden in der Regel nach dem Maskulinum aufgelistet. Unterschiedliche Standardvarianten aus den deutschsprachigen Ländern Österreich und der Schweiz werden nicht aufgeführt. Auf die Aufnahme von erschließbaren Komposita, wie zum Beispiel *Kinderbett*, wurde verzichtet, außer die Zusammensetzung der Begriffe ergibt einen neuen Sinn, wie beispielsweise bei dem Wort *Kindergarten*.

---
[97] Als Vorarbeiten und Grundlage für den Zertifikat B1 Wortschatz wurden herangezogen: Zertifikat Deutsch (1999), Profile Deutsch (2002/2005) und Deutsch-Test für Zuwanderer (2009)

Verzichtet wurde auch auf die separate Nennung von Nomen, die sich aus Verben erschließen lassen, z. B. der *Drucker* aus *drucken* bzw. mit bekannten Präfixen oder Suffixen, z. B. *der Mitschüler, die Zahlung*. Bei Verben werden Komposita, die sich durch Präfixe ergeben, z. B. *mitmachen, wegbringen* nicht separat aufgeführt, wenn sie erschließbar sind. Die Beispielsätze illustrieren typische Gebrauchs-kontexte und die verschiedenen Bedeutung(en) der Einträge.

6.5.1 WORTGRUPPEN

Abkürzungen

ca.
d.h.
ICE
Lkw, -s
PC, -s
SMS
usw.
WC, -s
z. B.

Anweisungssprache zur Prüfung

Antwortbogen, -
Aufgabe, -n
Beispiel, -e
Durchsage, -n
Lösung, -en
markieren
Prüfer, -, Prüferin, -nen
Prüfung, -en
Punkt, -e
Teil, -e
Test, -s
Text, -e
Wörterbuch, ¨-er

Berufe

Angestellter, -e / Angestellte, -
Arzt, ¨-e / Ärztin, -nen
Auszubildender, -e / Auszubildende, -
Autor, -en; Autorin, -nen
Babysitter, -
Bäcker, - / Bäckerin, -nen
Doktor, -en; Doktorin, -nen
Fahrer, -; Fahrerin, -nen
Friseur, -e / Friseurin, -nen
Handwerker, - / Handwerkerin, -nen
Hausmann, ¨-er / Hausfrau, -en
Journalist, -en / Journalistin, -nen
Kaufmann, Kaufleute / Kauffrau, -en
Kellner, - / Kellnerin, -nen
Koch, ¨-e / Köchin, -nen
Krankenpfleger, - / Krankenschwes-ter, -n
Künstler, - / Künstlerin, -nen
Lehrer, - / Lehrerin, -nen
Mechaniker, - / Mechanikerin, -nen
Model, -s, -le
Musiker, - / Musikerin, -nen
Polizist, -en / Polizistin, -nen
Rentner, - / Rentnerin, -nen
Sänger, - / Sängerin, -nen
Schauspieler, - / Schauspielerin, -nen
Techniker, - / Technikerin, -nen
Verkäufer, - / Verkäuferin, -nen

Familienmitglieder

Bruder, ¨-
Cousin, -s
Cousine, -n
Eltern (Pl.)
Enkel, -
Enkelin, -nen
Geschwister (Pl.)
Großeltern (Pl.)
Großmutter, ¨- (Oma)
Großvater, ¨- (Opa)
Kind, -er
Mutter, ¨- (Mama)
Onkel, -
Schwester, -n
Sohn, ¨-e
Tante, -n
Tochter, ¨-
Vater, ¨- (Papa)
Verwandte, -n

Familienstand

ledig
verheiratet
getrennt / geschieden

Farben

blau
braun
gelb
grau
grün
lila
orange
rosa
rot
schwarz
weiß

Himmelsrichtungen

Norden
Süden
Osten
Westen

Länder und Nationalitäten

Deutschland
Deutsche, -n
deutsch
auf Deutsch
Österreich
Österreicher, - / Österreicherin, -nen
österreichisch
die Schweiz
Schweizer, - / Schweizerin, -nen
schweizerisch
Luxemburg
Luxemburger, - / Luxemburgerin, -nen
luxemburgisch
Europa
Europäer, - / Europäerin, -nen
europäisch

Schule und Schulfächer

Abitur (Sg.)
Direktor, -en
Hausaufgabe, -n
Klasse, -n
Klassenfahrt, -en
Sekretariat, -e
Stundenplan, ¨-e
Biologie
Chemie
Deutsch
Englisch
Französisch
Geografie
Geschichte
Kunst(erziehung)
Latein
Mathematik
Musik
Physik
Religion
Sozialkunde
Sport

Währungen und Maße

1 Euro = 100 Cent
1 Franke = 100 Rappen

1 m
1,50 m = ein Meter fünfzig
1 cm
2 km
1 %
1 l
1 g / 1 kg =
ein Gramm / ein Kilogramm
10 Grad Celsius

Zeitangaben

Datum

1848 = achtzehnhundertachtundvierzig
Heute ist der 20.2.2012 = der zwanzigste zweite (Februar) zweitausendzwölf
Berlin, 14.3.2013 = vierzehnter dritter zweitausenddreizehn

Feiertage

Karneval
Ostern
Weihnachten
Neujahr/Silvester

Jahreszeiten

Frühling / Frühjahr
Sommer
Herbst
Winter

Monate

Januar
Februar
März
April
Mai
Juni
Juli
August
September
Oktober
November
Dezember

Tageszeiten

Tag, -e
Morgen, -
Vormittag, -e
Mittag, -e
Nachmittag, -e
Abend, -e
Nacht, ¨-e
Mitternacht
täglich, tagsüber
morgens, am Morgen
vormittags, am Vormittag
mittags, am Mittag
nachmittags, am Nachmittag
abends, am Abend
nachts, in der Nacht
um Mitternacht

Uhrzeit

07.03	= sieben Uhr drei
3.15	= drei Uhr fünfzehn
15.30	= fünfzehn Uhr dreißig / halb vier
24.00	= vierundzwanzig Uhr
13.00	= dreizehn Uhr / ein Uhr
11.30	= halb zwölf
14.05	= vierzehn Uhr fünf / fünf nach zwei
14.55	= vierzehn Uhr fünfundfünfzig / fünf vor drei
10.15	= viertel nach zehn
6.45	= viertel vor sieben
20.40	= zwanzig Uhr vierzig / zwanzig vor neun

Wochentage

am Wochenende
montags, am Montag
dienstags, am Dienstag
mittwochs, am Mittwoch
donnerstags, am Donnerstag
freitags, am Freitag
samstags, am Samstag
sonntags, am Sonntag
Arbeitstag/Werktag
Feiertag

Zahlen

1 = eins
2 = zwei
3 = drei
4 = vier
5 = fünf
6 = sechs
7 = sieben
8 = acht
9 = neun
10 = zehn
11 = elf
12 = zwölf
13 = dreizehn
14 = vierzehn
15 = fünfzehn
16 = sechzehn
17 = siebzehn
18 = achtzehn
19 = neunzehn
20 = zwanzig
21 = einundzwanzig
30 = dreißig
40 = vierzig
50 = fünfzig
60 = sechzig
70 = siebzig
80 = achtzig
90 = neunzig
100 = (ein)hundert
101 = hunderteins
200 = zweihundert
1000 = (ein)tausend
2001 = zweitausendeins
1000000 = eine Million

der/die erste
der/die zweite
der/die dritte
der/ die vierte
1. erstens
2. zweitens
3. drittens
4. viertens
einmal
zweimal
dreimal
viermal

6.5.2 ALPHABETISCHER WORTSCHATZ

A

ab	Ab morgen muss ich wieder arbeiten.
aber	Heute kann ich nicht kommen, aber morgen habe ich Zeit.
	Wir haben nur eine kleine Wohnung, sind aber damit zufrieden.
	Es war sehr schön. Jetzt muss ich aber gehen.
	Das ist aber nett von dir.
abgeben, gibt ab, hat abgegeben	Ich muss meinen Schlüssel an der Rezeption abgeben.
abholen, holt ab, hat abgeholt	Wann kann ich die Sachen bei dir abholen?
	Wir müssen noch meinen Bruder abholen.
abschließen, schließt ab, hat abgeschlossen	Hast du die Tür abgeschlossen?
	Ich schließe dieses Jahr mein Studium/ meine Ausbildung ab.
Achtung (Sg.)	Achtung an Gleis drei: Die Türen schließen. Der Zug fährt jetzt ab.
	Achtung! Pass auf! Der Verkehr ist hier gefährlich.
die Adresse, -n	Können Sie mir Ihre Adresse geben?
die Ahnung, -en	Ich hatte keine Ahnung, dass du heute Geburtstag hast.
	Wie spät ist es? - Ich habe keine Ahnung.
aktiv	Peter ist sehr aktiv und macht viel Sport.
aktuell	Das ist das aktuelle Kinoprogramm.
all-	Ich wünsche dir alles Gute!
	Hast du alles?
	Möchten Sie noch etwas? - Nein, danke. Das ist alles.
	Sind alle da? - Nein, Rita fehlt noch.
	Alle Freunde kommen.
allein	Kommt seine Freundin mit? - Nein, er kommt allein.
	Soll ich Ihnen/dir helfen? - Nein danke, ich schaffe das schon allein.
als	Hector ist jünger als seine Schwester.
	Sie arbeitet als Krankenschwester.
also	Also, die Sache ist so: …
	Er hat Zeit, also kann er uns helfen.
alt	Wie alt sind Sie?
	Mein Computer ist schon sehr alt.
	Wir wohnen in einem ganz alten Haus.
	Köln ist eine alte Stadt.
das Alter (Sg.)	Alter: 18 Jahre.
die Ampel, -n	Du kannst fahren, die Ampel ist grün.
	Nach der Ampel musst du nach links fahren.
an	Fahren Sie an der nächsten Kreuzung nach rechts.
	Wir treffen uns am Bahnhof/am Kino/am Stand.
	Am nächsten Montag geht es leider nicht.
	Das Licht war die ganze Nacht an.
anbieten, bietet an, hat angeboten	Darf ich Ihnen/dir ein Stück Kuchen anbieten?
	Er hat mir eine Stelle als Verkäuferin angeboten.
das Angebot, -e	Heute sind Bananen im Angebot.
	Stellenangebote finden Sie in der Zeitung oder im Internet.
ander-	Willst du diesen Mantel? – Nein, ich möchte den anderen.
	Die anderen sind schon nach Hause gegangen.
	Bitte nicht alle auf einmal! Einer nach dem anderen.
ändern, ändert, hat geändert	Das Wetter hat sich geändert.
	Wie kann ich mein Passwort ändern?
anders	Anders geht das leider nicht.
	Oliver ist anders als seine Freunde.
anfangen, fängt an, hat angefangen	Hier fängt die Bahnhofstraße an.
	Der Unterricht fängt gleich an.
	Würden Sie bitte anfangen?
	Ich fange im Herbst meine Ausbildung an.
der Anfang, ¨-e	Sie wohnt am Anfang der Straße.
	Wir machen Anfang Juli Urlaub.
die Angst, ¨-e	Hab keine Angst!
	Ich habe Angst vor großen Hunden.
ankommen, kommt an, ist angekommen	Wann kommt dieser Zug in Hamburg an?
	Auf diesem Fahrplan steht nur die Ankunft der Züge.
die Ankunft, -¨e	
anmachen, macht an, hat angemacht	Mach bitte das Licht an!
anmelden (sich), meldet an, hat angemeldet	Wo kann ich mich anmelden?
	Eine Anmeldung für diesen Kurs ist nicht mehr möglich.
die Anmeldung,-en	Wo bekomme ich das Formular für die Anmeldung?
der Anrufbeantworter, -	Wir sind im Moment nicht da. Sprechen Sie bitte auf den Anrufbeantworter.
anrufen, ruft an, hat angerufen	Kann ich Sie heute Abend anrufen?
	Juan ruft seine Freundin an.
der Anruf, -e	Eva bekommt viele Anrufe von ihrem Freund Juan.
der Anschluss, ¨-e	In Mannheim haben Sie Anschluss nach Saarbrücken.
	In Stuttgart erreichen Sie alle Anschlüsse. Auch der Zug nach Paris wartet.
	Gibt es in der Wohnung einen Waschmaschinenanschluss?
ansehen, sieht an, hat angesehen	Darf ich eure Urlaubsfotos ansehen?
	Ich sehe (mir) diese Sendung jeden Tag an.
antworten, antwortet, hat geantwortet	Er antwortet nicht.
die Antwort, -en	Er gibt leider keine Antwort.
die Anzeige, -n	Ich habe Ihre Anzeige in der Zeitung gelesen.
der Anzug, ¨-e	Mein Mann muss sich einen neuen Anzug kaufen.
der Apfel, ¨-	Ein Kilo Äpfel, bitte.
die Apotheke, -n	Das Medikament bekommen Sie in der Apotheke.

der Apparat, -e	Was machen wir mit deinem alten Apparat?
	Ich habe einen neuen Fotoapparat.
arbeiten, arbeitet, hat gearbeitet	Wo arbeiten Sie?
	Ich arbeite als Krankenschwester in einem Krankenhaus.
die Arbeit, -en	Mein Bruder sucht Arbeit.
arbeitslos	Seit wann ist er schon arbeitslos?
	Es gibt bei uns viele Leute, die schon lange arbeitslos sind.
ärgern (sich), ärgert, hat geärgert	Warum ärgerst du dich? - Ich ärgere mich, weil das Wetter schlecht ist.
arm	Sie haben nicht viel Geld, sie sind arm.
der Arm, -e	Mein Arm tut weh.
der Artikel, -	Im Deutschen gibt es drei Artikel: der, die und das.
	Ich habe in der Zeitung einen interessanten Artikel gelesen.
auch	Ich bin auch Spanier.
	Maria muss auch am Wochenende arbeiten.
auf	Das Wörterbuch liegt auf dem Tisch.
	Die Kinder spielen auf der Straße.
	Am Samstag gehen wir auf eine Party.
	Meine Eltern wohnen auf dem Land.
	Auf dem Foto ist auch meine Schwester.
	Die Tür ist auf, kommen Sie rein!
	Hat das Geschäft noch auf?
	Auf Wiedersehen.
	Wie heißt das auf Deutsch?
auf jeden/ keinen Fall	Ich möchte auf jeden Fall den neuen James-Bond-Film sehen. - Wirklich? Ich finde James-Bond-Filme langweilig. Ich sehe ihn auf keinen Fall an!
aufhören, hört auf, hat aufgehört	Wann hört ihr mit der Arbeit auf?
	Kannst du bitte damit aufhören? Ich muss jetzt arbeiten.
aufmachen, macht auf, hat aufgemacht	Kannst du bitte die Tür aufmachen?
aufpassen, passt auf, hat aufgepasst	Pass auf, der Teller fällt gleich auf den Boden!
	Der Babysitter passt heute Abend auf die Kinder auf.
	Er passt im Unterricht nicht auf.
aufräumen, räumt auf, hat aufgeräumt	Die Kinder müssen ihr Zimmer aufräumen.
aufregend	Die letzte Woche war sehr aufregend.
	Der Film ist nicht besonders aufregend.
aufstehen, steht auf, ist aufgestanden	Ich stehe jeden Morgen um sieben Uhr auf.
der Aufzug, ¨-e	In diesem Haus gibt es keinen Aufzug.
	Der Aufzug ist leider kaputt.
das Auge, -n	Er hat blaue Augen.
	Mein rechtes Auge tut seit Sonntag weh.
aus	Michele kommt aus Brasilien.
	Frau Müller geht immer um acht Uhr aus dem Haus.
	Der Tisch ist aus Glas.
	Ich sehe nichts. Das Licht ist aus.
die Ausbildung, -en	Ich möchte eine Ausbildung zum Krankenpfleger machen.
der Ausflug, ¨-e	Morgen machen wir einen Ausflug nach Heidelberg/ an die Ostsee.
ausfüllen, füllt aus, hat ausgefüllt	Füllen Sie/Füll bitte dieses Formular aus!
der Ausgang, ¨-e	Entschuldigung, wo ist der Ausgang?
ausgeben, gibt aus, hat ausgegeben	Agata gibt viel Geld für Bücher aus.
	Ich möchte nicht so viel Geld ausgeben.
ausgehen, geht aus, ist ausgegangen	Gehen wir am Freitag zusammen aus?
	Plötzlich ist das Licht ausgegangen.
die Auskunft, ¨-e	Wo ist die Auskunft?
	Können Sie mir bitte eine Auskunft geben?
das Ausland (Sg.)	Fahren Sie ins Ausland?
ausmachen, macht aus, hat ausgemacht	Mach bitte das Licht aus!
auspacken, packt aus, hat ausgepackt	Packst du bitte den Koffer aus?
ausruhen (sich), ruht aus, hat ausgeruht	Ruh dich erst mal aus! Du bist sicher müde.
	Er ruht sich nach der Arbeit immer aus.
aussehen, sieht aus, hat ausgesehen	Wie sieht er aus? - Groß und blond.
	Sie sieht wie ihre Mutter aus.
	Das Kleid sieht hübsch aus.
außer	Außer Lisa möchte niemand den Film sehen.
	Wir haben täglich außer Samstag geöffnet.
außerdem	Vier Brötchen, möchten Sie außerdem noch etwas?
außerhalb	Die Wohnung ist nicht in der Stadt, sie liegt etwas außerhalb.
aussprechen, spricht aus, hat ausgesprochen	Wie spricht man das Wort aus?
aussteigen, steigt aus, ist ausgestiegen	Wo müssen wir aussteigen? – An der nächsten Haltestelle.
die Ausstellung, -en	Gehen wir morgen zusammen in die Ausstellung?
austragen, trägt aus, hat ausgetragen	Er trägt jeden Morgen die Zeitung aus.
der Ausweis, -e	Darf ich bitte mal Ihren Ausweis sehen? – Hier ist mein Ausweis.
das Auto, -s	Er fährt mit dem Auto.
die Autobahn, -en	Darf ich mit dem Motorroller auf der Autobahn fahren?
	Das Dorf liegt direkt an der Autobahn.

der Automat, -en	Fahrkarten gibt es nur am Automaten. In Berlin ist der Fahrkartenautomat auf dem Bahnsteig.	beenden, beendet, hat beendet	Du musst deine Ausbildung auf jeden Fall beenden.
automatisch	Achtung, die Türen schließen automatisch!	beginnen, beginnt, hat begonnen	Das Spiel beginnt um 15.30 Uhr.
B		begründen, begründet, hat begründet	Bitte begründen Sie Ihre Meinung.
das Baby, -s	Wir haben ein Baby. Es ist sechs Wochen alt.	bei	Offenbach liegt bei Frankfurt. Ich wohne bei meinen Eltern. Bei uns ist das anders als hier. Er arbeitet bei Siemens. Ich möchte euch nicht beim Essen stören.
der Babysitter, -	Meine Tochter arbeitet als Babysitter bei einer Familie mit vier Kindern.		
backen, bäckt/backt, hat gebacken	Wenn du kommst, backe ich einen Kuchen.		
die Bäckerei, -en	Ich geh mal schnell zur Bäckerei.	beide	Wir kommen beide. Welche Bluse möchten Sie, die rote oder die grüne? - Ich nehme beide.
das Bad, ¨-er	Das Haus ist sehr alt. Es hat kein Bad. Im Winter nehme ich gern ein warmes Bad.		
baden, badet, hat gebadet	Ich bade nicht so gern, ich dusche lieber. In diesem See darf man nicht baden.	das Bein, -e	Mein rechtes Bein tut weh.
		bekannt der/die Bekannte, -n	Picasso ist sehr bekannt. Er ist ein bekannter Maler. Ein Bekannter von mir heißt Klaus.
die Bahn, -en	Wir fahren lieber mit der Bahn als mit dem Bus. Ich nehme die nächste S-Bahn.		
der Bahnhof, ¨-e	Entschuldigung, komme ich hier zum Bahnhof?	bekommen, bekommt, hat bekommen	Haben Sie meinen Brief bekommen? Aspirin bekommen Sie in der Apotheke.
der Bahnsteig, -e	Auf Hauptbahnhöfen gibt es meist viele Bahnsteige.		
bald	Ich komme bald. Auf Wiedersehen! Bis bald!	beliebt	Fußball ist bei vielen Menschen beliebt.
der Balkon, -e	Die Wohnung hat auch einen kleinen Balkon.	benutzen, benutzt, hat benutzt	Die Aufzüge bitte nicht benutzen!
der Ball, ¨-e	Meine Kinder spielen gern Ball.		
die Banane, -n	Drei Bananen, bitte!	bequem	Das Sofa ist sehr bequem. Meine Kinder ziehen am liebsten bequeme Schuhe an.
die Band, -s	Was ist deine Lieblingsband? Anton spielt in einer Band.		
die Bank, -en die Bank, ¨-e	Bei welcher Bank haben Sie Ihr Konto? Kommt, wir setzen uns auf diese Bank.	beraten, berät, hat beraten	Unsere Sekretärin berät Sie gern, wenn Sie Fragen haben.
bar	Muss ich bar zahlen oder geht's auch mit Karte?	der Berg, -e	Die Zugspitze ist der höchste Berg in Deutschland. Wir fahren am Wochenende in die Berge.
der Basketball, ¨-e	Yannick spielt lieber Basketball als Fußball.		
basteln, bastelt, hat gebastelt	Die Kinder haben etwas gebastelt.	berichten, berichtet, hat berichtet	Alle Zeitungen berichten von dem Unfall.
der Bauch, ¨-e	Seit gestern tut mir der Bauch weh.	der Beruf, -e	Was bist du von Beruf?
bauen, baut, hat gebaut	Unsere Nachbarn bauen ein neues Haus.	berühmt	Thomas Müller ist ein berühmter Fußballspieler.
der Baum, ¨-e	Der Baum ist über hundert Jahre alt. Wir haben zwei Apfelbäume im Garten.	der Bescheid (bekommen/ geben/sagen)	Kann Lisa in Heidelberg studieren? - Sie weiß es noch nicht. Sie bekommt erst nächste Woche Bescheid. Kannst du mir bis morgen Bescheid geben? Ich frage Herrn Maier und sage Ihnen dann Bescheid.
die Baustelle, -n	Vor unserem Haus ist eine große Baustelle.		
beantworten, beantwortet, hat beantwortet	Können Sie meine Frage bitte beantworten? Hast du die Mail schon beantwortet?		
bedanken (sich), bedankt, hat bedankt	Ich möchte mich noch einmal sehr herzlich für Ihre Hilfe bedanken.	beschreiben, beschreibt, hat beschrieben	Kannst du mir den Weg zum Bahnhof beschreiben?
bedeuten, bedeutet, hat bedeutet	Was bedeutet das Wort?	beschweren (sich), beschwert, hat beschwert	Hier ist es zu laut. Wo können wir uns beschweren? Mein Nachbar beschwert sich immer über unsere Kinder, wenn sie im Garten spielen.
beeilen (sich), beeilt, hat beeilt	Kannst du dich bitte beeilen? Der Bus fährt gleich ab!		
		besetzt	Ist dieser Platz frei? - Nein, er ist besetzt. Die Nummer ist immer besetzt.

besichtigen, besichtigt, hat besichtigt	Ich möchte gern das Schloss besichtigen. Sie können die Wohnung am Mittwochabend besichtigen.		bleiben, bleibt, ist geblieben	Wir bleiben drei Tage in Berlin. Bitte bleiben Sie stehen! Oh nein, meine Uhr ist stehen geblieben. Wie spät ist es? Ich bleibe heute zu Hause.
besonders	Dieses Angebot ist besonders günstig. Hier ist die Pizza besonders gut. Wie geht's? - Nicht besonders.		der Bleistift, -e	Hast du einen Bleistift?
bestätigen, bestätigt, hat bestätigt	Ich kann bestätigen, dass er hier war.		blöd	Ich finde es blöd, dass du morgen gehen musst.
			der/das Blog, -s	Ich schreibe einen Blog über Mode.
bestehen, besteht, hat bestanden	Ich habe die Prüfung bestanden! Die Prüfung besteht aus vier Teilen: Hören, Lesen, Schreiben und Sprechen.		blond	Lisa hat blonde Haare.
			die Blume, -n	Gefallen dir die Blumen?
bestellen, bestellt, hat bestellt	Wir möchten bitte bestellen. Dieses Buch haben wir nicht da. Sollen wir es für Sie bestellen?		die Bluse, -n	Ich suche eine weiße Bluse.
			die Bohne, -n	Hans isst nicht gern Bohnen.
			böse	Sie ist richtig böse auf mich. Ich habe dein Buch vergessen. Hoffentlich bist du mir nicht böse.
der Besuch, -e	Wir bekommen am Wochenende Besuch. Ich mache einen Besuch im Krankenhaus.			
besuchen, besucht, hat besucht	Darf ich dich mal besuchen? Möchtest du mich in den Ferien besuchen?		braten, brät, hat gebraten	Braten Sie das Fleisch in etwas Öl! Der Fisch brät in der Pfanne.
das Bett, -en	Sie ist krank und muss heute im Bett bleiben.		brauchen, braucht, hat gebraucht	Ich brauche ein neues Auto. Brauchst du die Zeitung noch oder kann ich sie haben? Meine Großmutter ist krank. Sie braucht viel Ruhe.
bewerben (sich), bewirbt, hat beworben die Bewerbung, -en	Ich möchte mich um diese Stelle bewerben. Kannst du mir bei meiner Bewerbung helfen?			
			der Brief, -e	Haben Sie einen Brief für mich?
bewölkt die Wolke, -n	Heute ist es bewölkt. Es gibt viele Wolken am Himmel.		die Briefmarke, -n	Bitte die Briefmarke nicht vergessen!
			die Brille, -n	Wo ist meine Brille? Mit dieser Brille kann ich nicht mehr gut sehen.
bezahlen, bezahlt, hat bezahlt	Wo kann ich bezahlen?		bringen, bringt, hat gebracht	Bringen Sie mir bitte noch einen Kaffee! Wir müssen Max ins Krankenhaus bringen.
die Bibliothek, -en	Sie lernt jeden Tag in der Bibliothek.			
das Bier, -e	Noch ein Bier, bitte.		das Brot, -e	Nimm doch noch ein Brot für das Abendessen. Haben Sie auch Weißbrot?
das Bild, -er	Hast du ein Bild von deinem Sohn?			
billig	Das Wörterbuch kostet nur fünf Euro. - Fünf Euro? Das ist aber billig!		das Brötchen, -	Möchtest du Brot oder Brötchen zum Frühstück?
			die Brücke, -n	Fahren Sie über die nächste Brücke und dann nach links.
die Birne, -n	Ein Kilo Birnen, bitte!			
bis	Ich fahre nur bis Stuttgart. Ich warte bis Freitag. Tschüss, bis gleich!		das Buch, ¨-er	Was kostet das Buch, bitte? In diesem Wörterbuch finden Sie mehr als 20.000 Wörter.
bisschen	Können Sie bitte ein bisschen lauter sprechen? Ich spreche ein bisschen Französisch. Möchten Sie noch ein bisschen Salat?		buchen, bucht, hat gebucht	Morgen buche ich unsere Urlaubsreise.
			der Buchstabe, -n	Diesen Buchstaben gibt es in meiner Sprache nicht.
bitte	Eine Tasse Kaffee bitte! - Bitte schön! Wie bitte? Sprechen Sie bitte ein bisschen lauter!		buchstabieren, buchstabiert, hat buchstabiert	Würden Sie bitte Ihren Namen buchstabieren?
die Bitte, -n	Ich habe noch eine Bitte.			
bitten, bittet, hat gebeten	Darf ich Sie um etwas bitten?		bunt	Anna trägt gern bunte Kleider. Meine Wohnung ist sehr bunt: Das Wohnzimmer ist rot, die Küche grün und das Bad blau.
bitter	Kaffee ohne Zucker schmeckt bitter.		das Büro, -s	Ich arbeite in einem Büro. Unser Büro ist bis Dienstag geschlossen.
das Blatt, ¨-er	Haben Sie ein Blatt Papier für mich? Die Bäume haben schon gelbe Blätter.			
			der Bus, -se	Wann kommt der nächste Bus?
			die Butter (Sg.)	Möchtest du Butter aufs Brot oder nur Käse?

C

das Café, -s	Kommst du mit ins Café? Ich möchte gern einen Kaffee trinken.
die Cafeteria, -s	Ich gehe jetzt in die Cafeteria. Soll ich dir etwas mitbringen?
chatten, chattet, hat gechattet	Luis chattet gern mit seinen Freunden im Internet.
der Chef, -s / die Chefin, -nen	Wir haben eine neue Chefin.
der Club, -s / Klub, -s	Gibt es hier einen Tennis-Club/Klub? Ich möchte gern tanzen gehen. Wo gibt es hier einen Club/Klub mit guter Musik?
der/das Comic, -s	Mein Sohn liest immer nur Comics.
der Computer, -	Wann bekommst du deinen neuen Computer?
die Creme, -s/-n	Ich suche eine Creme für die Hände. Der Kuchen schmeckt super! Was ist in der Creme? – Das ist eine Buttercreme mit viel Schokolade.

D

da	Welche Bluse nehmen Sie? - Die da. Ist Herr Klein schon da? Wir sprechen gerade über Paul. Da kommt er ja. Da drüben ist der Bahnhof.
da(r) (Bsp. darauf, darüber)	Darauf fällt mir keine Antwort ein. Darüber spreche ich nicht gern.
dabei (sein), ist dabei, war dabei, ist dabei gewesen	Hast du einen Stift dabei? Schön, dass du da bist. Ist deine Familie auch dabei?
dafür/dagegen sein, ist dafür/dagegen, war dafür/dagegen, ist dafür/dagegen gewesen	Ich bin dafür/dagegen.
damals	Als Student hatte ich viel Zeit und wollte reisen. Aber damals hatte ich kein Geld.
die Dame, -n	Damen (an der Toilette) Sehr geehrte Damen und Herren,
daneben	Du weißts doch, wo die Post ist. Daneben ist die Bank.
der Dank (Sg.)	Vielen Dank! Herzlichen Dank!
danke	Soll ich Ihnen helfen? - Sehr freundlich, ja danke! Guten Appetit! - Danke gleichfalls.
danken, dankt, hat gedankt	Ich danke Ihnen für die Einladung.
dann	Ich muss noch schnell zur Post, dann komme ich. Wenn es nicht regnet, dann kommen wir.
dass	Rico hat gesagt, dass er auch zur Party kommt. Ich finde es super, dass du mich besuchst.
die Datei, -en	Wo hast du die Datei gespeichert? Kannst du die Datei bitte öffnen?
das Datum, -en	Bitte Datum und Unterschrift nicht vergessen! Welches Datum haben wir heute? Haben Sie meine Kontaktdaten?
dauern, dauert, hat gedauert	Wie lange dauert die Pause? - Eine halbe Stunde.
denken, denkt, hat gedacht	Ich denke, du hast recht. Ich denke oft an meine Freundin. Was denkst du? Sollen wir heute Abend ins Kino gehen?
denn	Ich kann nicht kommen, denn ich bin krank.
deshalb	Ich bin krank. Deshalb komme ich heute nicht ins Büro.
deutlich	Sprechen Sie bitte deutlich! Können Sie das bitte deutlicher schreiben? Ich kann das nicht lesen.
dick	Ich bin zu dick. Ich muss weniger essen.
das Ding, -e	Gib mir bitte mal das Ding da drüben! Was macht man mit diesem Ding? - Damit kann man Flaschen öffnen.
direkt	Wir wohnen direkt über dem Café. Gibt es keinen direkten Zug nach Hamburg? - Nein, Sie müssen immer umsteigen. Ich möchte nicht direkt nach der Schule studieren. Ich möchte erst reisen. Wir liefern Ihnen das Sofa direkt ins Haus.
die Disco, -s / die Disko, -s	Wir gehen heute Abend in die Disco/Disko.
diskutieren, diskutiert, hat diskutiert	Ich möchte das mit meinen Kollegen diskutieren.
doch	Hast du keinen Hunger? - Doch, ich bin sehr hungrig. Kannst du morgen nicht kommen? - Doch. Geh doch mal wieder ins Kino! Das macht doch nichts!
das Doppelzimmer, -	Möchten Sie ein Doppelzimmer oder ein Einzelzimmer?
das Dorf, ¨-er	Unser Dorf liegt direkt an der Autobahn. Meine Familie lebt in einem Dorf.
dort, -her, -hin	Wir treffen uns vor dem Kino. - Gut, ich bin in fünf Minuten dort. Dort ist unser Haus. Deine Tasche kannst du dorthin stellen. Kommst du mit in die Stadt? - Nein, ich komme gerade dorther/von dort.
draußen	Das Wetter ist so schön. Wollen wir draußen sitzen? Hunde müssen draußen bleiben.
dringend	Bitte kommen Sie schnell. Es ist dringend.
drinnen	Wollen Sie drinnen oder draußen sitzen? Hier drinnen ist es sehr warm.
drüben	Da drüben ist die Haltestelle.
drücken, drückt, hat gedrückt	An dieser Tür musst du drücken, nicht ziehen, dann geht sie auf. Drücken Sie „Bestätigen"! Meine Schuhe drücken.

drucken, druckt, hat gedruckt	Wähle einfach „Datei drucken"!
der Drucker, -	Mein Drucker ist kaputt.
dumm	Ich finde den Film dumm. Entschuldigung, das war dumm von mir. Das ist mir zu dumm.
dunkel	Um sechs Uhr ist es schon dunkel. Meine Schwester hat dunkle Haare. Ich will eine dunkelblaue Bluse kaufen.
dünn	Das Buch ist sehr dünn. Es hat nur 40 Seiten. Mein Bruder ist 1,80 Meter groß und 62 Kilo schwer, er ist zu dünn.
durch	Am besten gehen Sie durch die Tengstraße. Wir fahren mit dem Fahrrad durch den Wald.
dürfen, darf, durfte, hat gedurft	Sie dürfen hier nicht parken. Dürfen wir heute länger fernsehen? Darf ich Sie zu einem Kaffee einladen?
der Durst (Sing.)	Hast du etwas zu trinken? Ich habe großen Durst.
die Dusche, -n	Unsere Wohnung hat nur eine Dusche.
duschen (sich), duscht, hat geduscht	Ich bade nicht so gern, ich dusche lieber. Möchten Sie sich duschen? Das Badezimmer ist dort hinten links.

E

das E-Book, -s	Liest du lieber E-Books oder Bücher aus Papier? Entschuldigung, kann man hier E-Books kaufen?
echt	Ist das Bild ein echter Picasso? Der Film ist echt gut.
die Ecke, -n	Gehen Sie an der nächsten Ecke links. Dann kommen Sie zur Apotheke. Wir stellen das Regal in die Ecke.
egal	Das ist mir egal. Willst du Tee oder Kaffee trinken? – Egal.
die Ehefrau, -en / der Ehemann, ¨-er / der Ehepartner, -	Das ist mein Ehemann/meine Ehefrau.
das Ei, -er	Möchtest du ein Ei zum Frühstück?
eigen-	Nicht alle Kinder haben ein eigenes Zimmer.
eigentlich	Wir wollten eigentlich Freunde besuchen, aber dann sind wir doch zu Hause geblieben. Kennst du eigentlich Susanne?
eilig	Hast du es eilig?
einfach	Die Prüfung ist ganz einfach. Ich verstehe das nicht. Kannst du es bitte einfacher sagen? Hin und zurück? – Nein, bitte nur eine einfache Fahrt nach Berlin.
der Eingang, ¨-e	Der Eingang ist um die Ecke.
einig-	In diesem Text sind einige Fehler. Das dauert noch einige Zeit, bis das Essen fertig ist.
einkaufen, kauft ein, hat eingekauft	Ich muss noch für morgen einkaufen.
das Einkaufszentrum, -en	Kommst du morgen mit ins Einkaufszentrum?
einladen, lädt ein, hat eingeladen	Darf ich Sie zu einem Kaffee einladen?
die Einladung, -en	Danke für die Einladung zu deinem Geburtstag!
einmal	Rufen Sie/Ruf mich bitte morgen noch einmal an. Diese Prüfung mache ich nicht noch einmal. Warst du schon einmal in Paris?
einpacken, packt ein, hat eingepackt	Pack bitte die Handtücher ein! Soll ich Ihnen das als Geschenk einpacken?
einsteigen, steigt ein, ist eingestiegen	Schnell, steig ein, der Zug fährt gleich ab. Bitte ab 20 Uhr vorn im Bus einsteigen.
eintragen (sich), trägt ein, hat eingetragen	Tragen Sie sich bitte in diese Liste ein! Sie müssen Ihren Namen und Ihre Adresse eintragen.
der Eintritt, -e	Der Eintritt kostet fünf Euro. Der Eintritt ist frei. Sie müssen nichts bezahlen.
einverstanden sein, ist einverstanden, war einverstanden, ist einverstanden gewesen	Als Termin schlage ich den 11. Juni vor. - Gut, (ich bin) einverstanden. Bist du einverstanden, wenn wir bald nach Hause gehen?
einzel-	Nicht alle zusammen. Könnt ihr bitte einzeln sprechen? Florian ist ein Einzelkind. Er hat keine Geschwister. Ein Einzelzimmer ist noch frei.
einziehen, zieht ein, ist eingezogen	Im Juni ziehen unsere neuen Nachbarn ein. Wann können wir in die Wohnung einziehen?
das Eis (Sg.)	Möchtest du auch ein Eis?
die (E-)Mail, -s	Ich schreibe Ihnen/dir eine E-Mail.
der Empfänger, -	Auf dem Brief steht dein Name, also bist du der Empfänger.
empfehlen, empfiehlt, hat empfohlen	Welchen Wein können Sie mir empfehlen?
das Ende, -n	Sie wohnt am Ende der Straße. Er bekommt sein Geld am Monatsende.
enden, endet, hat geendet	Die Straße endet hier. Der Kurs endet in einer Woche.
endlich	Wann kommst du endlich? Der Film fängt gleich an. Endlich bist du da!
eng	Diese Hose ist zu eng. Gibt es sie auch eine Nummer größer?
entschuldigen (sich), entschuldigt, hat entschuldigt	Entschuldigen Sie bitte! Ich möchte mich bei dir entschuldigen.
die Entschuldigung, -en	Oh, Entschuldigung! – Macht nichts. Kein Problem.

das Erdgeschoss, -e	Ich wohne im Erdgeschoss.
die Erfahrung, -en	Ich habe zehn Jahre Erfahrung in diesem Beruf.
erinnern (sich), erinnert, hat erinnert	Erinnerst du dich an José? - Nein, ich erinnere mich nicht an ihn, tut mir leid. Kannst du mich morgen bitte an meinen Arzttermin erinnern?
erkältet sein, ist erkältet, war erkältet, ist erkältet gewesen	Lisa ist erkältet. Sie kann heute nicht zur Schule gehen.
erklären, erklärt, hat erklärt	Ich verstehe das nicht. Kannst du mir das erklären?
erlauben, erlaubt, hat erlaubt erlaubt sein, ist erlaubt, war erlaubt, ist erlaubt gewesen	Meine Kinder dürfen diesen Film sehen. Ich habe es ihnen erlaubt. Parken ist hier nicht erlaubt.
die Erlaubnis (Sg.)	Haben Sie eine Arbeitserlaubnis?
die Ermäßigung, -en	Für Schüler, Studenten und Rentner gibt es eine Ermäßigung.
erreichen, erreicht, hat erreicht	Wenn wir uns beeilen, erreichen wir noch den Zug um acht Uhr. Bis 18 Uhr können Sie mich im Büro erreichen.
erst	Wir können erst morgen kommen. Dina ist keine 18, sie ist erst 16 Jahre alt.
der Erwachsene, -n	Erwachsene zahlen zehn Euro, für Kinder ist der Eintritt frei. Dieser Film ist nur für Erwachsene.
erzählen, erzählt, hat erzählt	Wir müssen euch etwas erzählen! Erzählst du mir eine Geschichte?
essen, isst, hat gegessen	Was gibt es zu essen?
das Essen, -	Das Essen in der Cafeteria ist meistens ganz gut. Darf ich Sie zum Essen einladen?
etwas	Ich muss dir etwas erzählen! Haben Sie etwas zum Schreiben? Ich habe leider nur Tee. Etwas anderes kann ich dir leider nicht anbieten.

F

das Fach, ¨-er	Welches Fach magst du in der Schule am liebsten?
(ab)fahren, fährt (ab), ist (ab)gefahren	Ich fahre mit dem Auto zur Arbeit. Achtung an Gleis 17! Der Zug München - Paris fährt jetzt ab.
die Abfahrt, -en	Wir haben noch zwanzig Minuten bis zur Abfahrt.
die Fahrkarte, -n	Hast du schon eine Fahrkarte? Ihre Fahrkarten, bitte!
der Fahrplan, ¨-e	Ist das der neue Fahrplan?
das (Fahr)Rad, ¨-er	Wenn es nicht regnet, fahre ich mit dem Fahrrad.
fallen, fällt, ist gefallen	Pass auf, das Glas fällt gleich vom Tisch.
falsch	Die Lösung ist falsch. Sie haben die falsche Nummer gewählt.
die Familie, -n	Meine Familie lebt in Spanien. Ich habe eine große Familie.
der Familienname, -n	Mein Familienname ist González.
der Fan, -s	Er ist ein großer Fußballfan. Bella ist ein Fan von Rammstein.
fantastisch	Dein neues Kleid sieht fantastisch aus! Das Buch ist fantastisch. Du musst es unbedingt lesen!
die Farbe, -n	Die Farbe gefällt mir gut. Was ist deine Lieblingsfarbe?
fast	Der Film ist fast zu Ende. Ich habe fast alles verstanden.
faul	Heute sind wir faul: Wir machen keine Hausaufgaben und arbeiten nicht.
fehlen, fehlt, hat gefehlt	Herr Müller ist nicht da, er fehlt schon seit drei Tagen. Was fehlt Ihnen?
der Fehler, -	Diesen Fehler mache ich immer wieder.
die Feier, -n (z. B. Feierabend, Feiertag)	Wann hast du Feierabend? Am ersten Mai ist ein Feiertag.
feiern, feiert, hat gefeiert	Wir feiern heute meinen Geburtstag. Die Feier war sehr schön.
das Fenster, -	Kannst du bitte das Fenster öffnen?
die Ferien (Pl.)	Bald haben wir Ferien. Fährst du in den Ferien weg oder bleibst du zu Hause?
fernsehen, sieht fern, hat ferngesehen	Lass uns heute Abend mal fernsehen.
der Fernseher, -	Der Fernseher ist kaputt.
fertig sein, ist fertig, war fertig, ist fertig gewesen	Das Essen ist gleich fertig. Kommst du? Wir müssen gleich gehen. Bist du fertig?
das Fest, -e	Frohes Fest! Am Wochenende feiern wir ein Fest. Meine Tochter hat Geburtstag.
das Festival, -s	Am Wochenende ist in der Stadt ein Musik-Festival.
fett	Die Wurst ist mir zu fett.
das Fieber (Sg.)	Sie hat hohes Fieber.
der Film, -e	Ich möchte gern diesen Film sehen.
finden, findet, hat gefunden	Wir müssen den Schlüssel finden. Ich finde es nicht gut, dass du so viel arbeitest. Ich finde ihn sehr nett.
die Firma, -en	Er arbeitet jetzt bei einer anderen Firma.
der Fisch, -e	Fisch mag ich lieber als Fleisch.
fit sein, ist fit, war fit, ist fit gewesen	Tom will fit sein. Er geht jeden Tag ins Fitnessstudio.

PRÜFUNGSZIELE · TESTBESCHREIBUNG

die Flasche, -n	Eine Flasche Mineralwasser, bitte!
das Fleisch (Sg.)	Fleisch mag ich nicht.
fleißig	Ibrahim ist sehr fleißig. Er macht immer seine Hausaufgaben.
(ab)fliegen, fliegt (ab), ist (ab)geflogen	Ich fliege nicht gern; ich fahre lieber mit dem Zug. Ich fliege in den Ferien nach Spanien. Wann fliegst du ab?
der Flohmarkt, ¨-e	Ich gehe gern auf den Flohmarkt. Diesen Hut habe ich auf dem Flohmarkt gekauft.
der Flug, ¨-e	Ich möchte einen Flug nach Kanada buchen. Der Flug LH123 von München nach Frankfurt ist um 21:00 Uhr.
der Flughafen, ¨	Kannst du mich zum Flughafen bringen?
das Flugzeug, -e	Das Flugzeug aus Berlin hat Verspätung. Das Flugzeug startet in einer halben Stunde. Wir müssen uns beeilen.
der Fluss, ¨-e	Der Rhein ist ein großer Fluss.
das Formular, -e	Sie müssen dieses Formular ausfüllen.
der Fotoapparat, -e	Ich möchte mir einen Fotoapparat kaufen.
fotografieren, fotografiert, hat fotografiert	Ich fotografiere gern.
das Foto, -s	Darf ich ein Foto machen?
die Frage, -n	Ich habe eine Frage.
fragen, fragt, hat gefragt	Er fragt, wann er kommen kann. Ich möchte Sie etwas fragen.
die Frau, -en	Das ist Frau Becker. Guten Tag, Frau Schmitt! Hier arbeiten mehr Frauen als Männer.
frei	Entschuldigung, ist dieser Platz noch frei? Morgen haben wir frei. Eintritt frei.
freiwillig	Manchmal bleibe ich freiwillig länger im Büro.
die Freizeit (Sg.)	In meiner Freizeit spiele ich oft Fußball.
fremd	Das weiß ich nicht; ich bin fremd hier. Ich reise gern in fremde Länder.
freuen (sich), freut, hat gefreut	Zum Geburtstag habe ich ein interessantes Buch bekommen. Ich freue mich sehr über das Geschenk. Die Kinder freuen sich schon auf die Ferien. Ich freue mich, weil ich heute mit meinen Freunden Fußball spiele. Es/Das freut mich!
der Freund, -e, die Freundin, -nen	Das ist ein Freund von mir. Das ist meine Freundin Susanne.
freundlich	Er ist immer sehr freundlich zu mir. Mit freundlichen Grüßen
frisch	Das Brot ist noch ganz frisch. Ich habe es gerade gekauft.
froh	Ich bin froh, dass du kommen kannst. Frohes Fest!
früh	Geht es auch später? Sechs Uhr ist mir zu früh. Ich muss morgen sehr früh aufstehen.
früher	Früher habe ich in Berlin gewohnt. Wir nehmen den früheren Zug.
das Frühstück (Sg.)	Möchtest du ein Ei zum Frühstück?
frühstücken, frühstückt, hat gefrühstückt	Ich frühstücke immer um 9:00 Uhr.
fühlen (sich), fühlt, hat gefühlt	Wie fühlen Sie sich? Ich fühle mich heute nicht gut.
der Führerschein, -e	Hast du den Führerschein? Sie hat die Führerscheinprüfung bestanden.
die Führung, -en	Die nächste Führung beginnt um 15 Uhr.
die Fundsachen (Pl.)	Haben Sie meinen Schirm gefunden? - Sie können dort bei den Fundsachen schauen.
für	Das Paket ist für Sie. Das ist der Schlüssel für die Haustür. Gibt es hier einen Sportverein für Jugendliche?
furchtbar	Er hat furchtbare Schmerzen. Die Hose sieht ja furchtbar aus. So kannst du nicht zur Arbeit gehen!
der Fuß, ¨-e	Der linke Fuß tut mir weh. Gehen Sie zu Fuß zur Arbeit?
der Fußball, ¨-e	Spielt ihr gern Fußball?

G

die Gabel, -n	Kann ich bitte eine Gabel haben?
ganz	Oh nein! Was ist passiert? Ist deine Brille jetzt kaputt? - Nein, zum Glück ist sie noch ganz! Morgen haben wir den ganzen Tag Schule. Ich bin ganz sicher, dass dein Termin am Montag ist. Ich finde Lara ganz nett. Oh, ich habe meinen Zahnarzttermin ganz vergessen.
die Garage, -n	Hier ist eine Garage für dein Auto.
der Garten, ¨	Wir haben leider keinen Garten.
der Gast, ¨-e	Heute Abend haben wir Gäste.
geben, gibt, hat gegeben	Kannst du mir mal deinen Stift geben? Es gibt keine Karten mehr für das Konzert.
geboren	Ich bin in Zagreb geboren. Wann und wo sind Sie geboren?
Geburts- (jahr, ort, tag), (-e, -e, -e)	Das Geburtsjahr Ihres Sohnes, bitte? Bitte tragen Sie Ihren Geburtsort noch ein. Herzlichen Glückwunsch zum Geburtstag!
geehrt-	Sehr geehrte Damen und Herren,
gefährlich	Du darfst nicht bei Rot über die Straße gehen. Das ist gefährlich.
gefallen, gefällt, hat gefallen	Das Bild gefällt mir. Wie gefällt es Ihnen in Berlin?
gegen	Fahr nicht gegen den Baum! Ich bin gegen diesen Vorschlag. Wer spielt gegen wen? - Bayern gegen Dortmund. Haben Sie etwas gegen Grippe?

das Gegenteil, -e	Das Gegenteil von „klein" ist „groß".		gewinnen, gewinnt, hat gewonnen	Unsere Mannschaft hat gewonnen. Mein Sohn will bei diesem Spiel immer gewinnen.
gegenüber	Die Post ist gegenüber vom Bahnhof. Die Hausnummer 84 ist gleich gegenüber.		das Gewitter, -	Ich glaube, es gibt heute ein Gewitter.
das Gehalt, ¨-er	Sie ist mit ihrem Gehalt zufrieden.		die Gitarre, -n	Er kann gut Gitarre spielen.
gehen, geht, ist gegangen	Ich weiß nicht, wie das geht. Wie geht's? - Es geht. Ich muss jetzt leider gehen. Ich muss zum Arzt gehen. Das geht (doch) nicht! Nimmst du die Straßenbahn? - Nein, ich gehe lieber zu Fuß.		das Glas, ¨-er	Bitte noch ein Glas Apfelsaft! Wir brauchen noch drei Gläser.
			glauben, glaubt, hat geglaubt	Sie können mir glauben, es ist so. Ich glaube, er kommt gleich.
			gleich	Ich komme gleich. Wir sind gleich alt.
gehören, gehört, hat gehört	Gehört der Stift dir?		das Gleis, -e	Der ICE nach Berlin hält heute an Gleis 12.
das Geld (Sg.)	Hast du noch Geld? Kannst du mir ein bisschen Geld leihen?		das Glück (Sg.)	Viel Glück! Oh, es regnet. Zum Glück habe ich meinen Schirm dabei.
die Geldbörse, -n	Sie hat ihre Geldbörse verloren.			
das Gemüse (Sg.)	Wir kaufen das Gemüse immer auf dem Markt. Tomaten sind mein Lieblingsgemüse.		glücklich	Meine Tochter ist glücklich verheiratet. Ein glückliches neues Jahr!
genau	Sind Sie sicher, dass die Prüfung am 15. Juni ist? - Ja, das weiß ich genau. Die Uhr geht genau. Es ist genau acht Uhr.		der Glückwunsch, ¨-e	Herzlichen Glückwunsch zum Geburtstag!
			gratulieren, gratuliert, hat gratuliert	Ich gratuliere dir!
genug	Es ist noch genug Pizza da. Möchtest du noch ein Stück? Ich verdiene nicht genug.		grillen, grillt, hat gegrillt	Heute grillen wir im Garten.
			die Grippe (Sg.)	Ich habe eine Grippe und kann leider nicht kommen.
das Gepäck (Sg.)	Wollen Sie Ihr Gepäck mitnehmen? Sie können Ihr Gepäck auch im Hotel lassen.		groß	Mein Bruder und ich sind gleich groß. Frankfurt ist eine große Stadt. Unsere Wohnung ist 80 m² groß.
gerade	Kannst du später anrufen? Wir essen gerade. Was machst du gerade? Da kommt er ja gerade.			
			die Größe, -n	Haben Sie das T-Shirt auch in Größe M?
geradeaus	Gehen Sie immer geradeaus!		die Gruppe, -n	Die erste Gruppe beginnt um 16 Uhr. Für Gruppen gibt es eine Ermäßigung.
das Gerät, -e	Elektrogeräte finden Sie im dritten Stock.			
das Gericht, -e	Mein Lieblingsgericht ist Pizza.		der Gruß, ¨-e	Viele Grüße an Ihre Frau. Liebe Grüße Mit freundlichen Grüßen
gern, lieber, am liebsten	Ich helfe Ihnen gern. Kaffee oder Tee? - Ich trinke lieber einen Tee. Am liebsten trinke ich Kaffee.			
			gültig sein, ist gültig, war gültig, ist gültig gewesen	Der Pass ist nicht mehr gültig.
das Geschäft, -e	Die Geschäfte schließen um 18.30 Uhr.			
das Geschenk, -e	Danke für das schöne Geschenk.			
die Geschichte, -n	Erzählst du mir eine Geschichte? Ich interessiere mich nicht für Geschichte. Paul hat gute Noten in Geschichte.		günstig	In diesem Laden gibt es immer günstige Angebote. Ich suche ein günstiges Sofa.
			gut, besser, am besten	Das finde ich gut. Ich komme um 17 Uhr. – Gut! Guten Morgen! Ein gutes neues Jahr! Guten Appetit! Welches Bild gefällt dir besser? Dieses Kleid finde ich am besten.
das Geschirr (Sg.)	Stellst du bitte das Geschirr in den Schrank?			
das Gesicht, -er	Wasch dir bitte das Gesicht. Sie hat ein freundliches Gesicht.			
das Gespräch, -e	Sie hören ein Gespräch. Zu diesem Gespräch gibt es fünf Aufgaben. Das Gespräch mit Frau Kunz ist um 14 Uhr.			
			H	
gestern	Gestern wollte ich dich anrufen.		das Haar, -e	Sie hat lange Haare.
gesund	Ich hatte Grippe. Jetzt bin ich wieder gesund.		haben, hat, hatte, hat gehabt	Ich habe ein neues Auto. Hast du kurz Zeit?
die Gesundheit (Sg.)	Gesundheit! Sind Sie erkältet?			
das Getränk, -e	Mein Lieblingsgetränk ist Tomatensaft. Die Getränkekarte, bitte!		das Hähnchen, -	Ein Hähnchen mit Pommes, bitte!

PRÜFUNGSZIELE · TESTBESCHREIBUNG

die Halle, -n	Wir treffen uns in Halle B. Wo ist die neue Sporthalle?
hallo	Hallo Inge! Wie geht's?
der Hals, ¨-e	Mir tut der Hals weh. Ich habe seit gestern Halsschmerzen.
halten, hält, hat gehalten	Dieser Zug hält nicht in Rüdesheim. Kannst du mal kurz meine Jacke halten?
die Haltestelle, -n	An der nächsten Haltestelle müssen Sie aussteigen.
der Hamburger, -	Einen Hamburger ohne Salat, bitte.
die Hand, ¨-e	Wasch dir bitte die Hände vor dem Essen.
das Handtuch, ¨-er	Gibst du mir bitte ein frisches Handtuch?
das Handy, -s	In der Schule bitte die Handys ausmachen! Kannst du mir bitte deine Handynummer geben?
hängen, hängt, hat gehangen/ gehängt	Im Museum hängen moderne Bilder. Warum hast du das Bild noch nicht an die Wand gehängt? Das Bild von meiner Tochter hat im Wohnzimmer gehangen.
hart	Ich finde das Bett zu hart. Die Brötchen sind ja ganz hart.
hässlich	Ich finde das Kleid hässlich. Es gefällt mir nicht.
die Hauptstadt, ¨-e	Berlin ist die Hauptstadt von Deutschland.
das Haus, ¨-er	In welchem Haus wohnst du? Ich gehe jetzt nach Hause. Paul ist nicht zu Hause.
der Haushalt, -e	Wer macht bei euch den Haushalt? - Meine Frau und ich machen den Haushalt zusammen: Ich wasche die Wäsche und sie putzt und räumt auf.
das Heft, -e	Hast du dein Heft dabei?
die Heimat (Sg.)	Ich komme aus der Schweiz. Das ist meine Heimat. Mein Heimatland ist Italien. Dort bin ich geboren. Jetzt lebe ich in Deutschland, das ist meine neue Heimat.
heiraten, heiratet, hat geheiratet	Meine Schwester heiratet nächsten Monat.
heiß	Vorsicht, der Tee ist heiß! Mir ist heiß. Kannst du das Fenster öffnen?
heißen, heißt, hat geheißen	Ich heiße Charlotte Meier. Wie heißt das auf Deutsch?
die Heizung, -en	Es ist kalt. Ist die Heizung kaputt?
helfen, hilft, hat geholfen	Würden Sie mir bitte helfen?
hell	Im Sommer ist es bis 21 Uhr hell. Mein Zimmer ist sehr hell. Haben Sie das T-Shirt auch in hellblau?
das Hemd, -en	Nick trägt heute ein neues Hemd.
her/her-/-her	Komm bitte mal her! Herein! Die Tür ist offen. Woher kommen Sie?
heraus/raus	Möchtet ihr nicht rauskommen? Das Wetter ist so schön. Kannst du bitte den Müll rausbringen?
herein/rein	Herein! Die Tür ist offen. Möchtest du nicht reinkommen? Ich kann uns einen Tee machen.
der Herd, -e	In der neuen Küche fehlt noch der Herd.
der Herr, -en	Guten Tag, Herr Sommer!
herstellen, stellt her, hat hergestellt	In unserer Firma stellen wir Möbel her.
herunterladen, lädt herunter, hat heruntergeladen	Er lädt die Musik aus dem Internet herunter.
herzlich	Herzlichen Glückwunsch!
heute	Heute ist ein schöner Tag. Heute muss ich nur bis 16 Uhr arbeiten.
hier	Elektro Bauer, guten Tag. Hier ist Pamela Linke. Was kann ich für Sie tun? Hier wohne ich. Unterschreiben Sie bitte hier!
die Hilfe (Sg.)	Hilfe! Bitte helfen Sie mir! Er bekommt Hilfe von Freunden.
der Himmel (Sg.)	Heute ist so tolles Wetter: Der Himmel ist blau und es gibt keine Wolken.
hin/hin-/-hin	Wo gehst du hin?/Wohin gehst du? Wohin ist Paul gegangen? – Ich glaube dorthin. Er geht in den Garten hinaus. Wir gehen ins Haus hinein.
hinten	Die Tür zum Aussteigen ist hinten. Bitte hinten aussteigen!
hinter	Hinter dem Haus haben wir einen Garten.
das Hobby, -s	Meine Hobbys sind Joggen und Schwimmen.
hoch	Der Mount Everest ist circa 8.880 Meter hoch. Die Preise in diesem Laden sind sehr hoch.
die Hochzeit, -en	Zu seiner Hochzeit kommen mehr als einhundert Gäste.
hoffen, hofft, hat gehofft	Ich hoffe, dass es dir gut geht.
hoffentlich	Hoffentlich hat unser Zug keine Verspätung.
holen, holt, hat geholt	Soll ich uns etwas zu trinken holen?
die Homepage, -s	Auf der Homepage von Freiburg gibt es alle wichtigen Informationen über die Stadt. Kennst du eine Homepage mit Deutschübungen?
hören, hört, hat gehört	Hör mal! Was ist das? Ich habe das Lied schon mal gehört.
die Hose, -n	Kann ich die Hose waschen?
das Hotel, -s	Im Urlaub sind wir in einem Hotel am Meer.
der Hund, -e	Magst du Hunde? Meine Tochter hat Angst vor Hunden.
der Hunger (Sg.)	Ich habe Hunger! Wann können wir endlich essen?
husten, hustet, hat gehustet	Sie hustet seit zwei Tagen. Sie ist krank.

SPRACHLICHE MITTEL 95

I

die Idee, -n	Was machen wir heute Abend? Hast du eine gute Idee?
immer	Frau Bast kommt immer zu spät.
in	Ich wohne in Wiesbaden. Der Zug kommt in fünf Minuten. Frau Rausch arbeitet im Reisebüro. Komm, wir gehen ins Kino.
die Information, -en	Wir haben hier einige wichtige Informationen für Sie. Wenn Sie Fragen haben, gehen Sie zur Information.
informieren (sich) (über), informiert, hat informiert	Ich möchte mich vor der Reise über das Land informieren. Hast du dich über die Prüfung informiert?
die Insel, -n	Ich möchte im Sommer auf einer Insel Urlaub machen. Rügen ist die größte deutsche Insel.
das Instrument, -e	Ich spiele Klavier. Spielen Sie auch ein Instrument?
intelligent	Einstein war sehr intelligent.
das Interesse, -n	Ich habe viele Interessen: Sport, Lesen, Kultur, Reisen.
interessieren (sich), interessiert, hat interessiert interessant	Ich interessiere mich für Fußball. Den Artikel über Brasilien finde ich sehr interessant. Ich lese gerade ein interessantes Buch.
international	Unser Deutschkurs ist international: Silvana kommt aus Italien, Conchi aus Spanien, Yin aus China …
das Internet (Sg.)	Das findest du im Internet. Du kannst im Internet Musik hören oder Spiele spielen.
das Interview, -s	Komm schnell! Im Radio kommt ein Interview mit deinem Lieblingssänger.

J

ja	Sind Sie Herr Watanabe? – Ja. Du bist hier in Berlin? Das ist ja toll!
die Jacke, -n	Zieh dir eine Jacke an. Es ist kalt.
die Jeans (Pl.)	Ich mag Jeans lieber als Röcke.
jeder, e, s	Das Restaurant hat jeden Tag geöffnet. Jedes Kind bekommt einen Ball.
jemand	Hat jemand meinen Stift? Hallo, ist jemand da?
jetzt	Jetzt machen wir eine Pause.
der Job, -s	Jenny hat einen neuen Job bei der Post. Ich suche noch einen Ferienjob.
joggen, joggt, ist/hat gejoggt	Ich jogge gern im Park.
die Jugendherberge, -n	Wir übernachten in einer Jugendherberge.
der/die Jugendliche, -n	Viele Jugendliche hören den ganzen Tag Musik. Der Eintritt für Kinder und Jugendliche bis 16 Jahre ist frei.
jung	Claudia ist 21. – Was? Noch so jung? Bei uns im Haus wohnen viele junge Leute. Mein Bruder ist fünf Jahre jünger als ich.
der Junge, -n	In der Klasse von meiner Tochter sind 13 Jungen und 15 Mädchen.

K

der Kaffee, -s	Zum Frühstück trinke ich immer Kaffee. Einen Kaffee, bitte.
der Kalender, -	Haben Sie am Montag Zeit? - Einen Moment, ich schaue in meinem Kalender. Ich schreibe alle Termine in meinen Kalender.
kalt	Heute ist es sehr kalt. Der Kaffee ist kalt. Ich möchte ihn nicht mehr trinken. Mir ist kalt.
die Kamera, -s	Hannes hat eine neue Kamera. Er kann mit der Kamera Fotos und Filme machen.
kaputt	Unsere Waschmaschine ist kaputt.
die Karte, -n	Ich schreibe meinen Bekannten eine Karte aus dem Urlaub. Wollen wir Karten spielen? Du musst noch die Karten für das Konzert abholen, vergiss das bitte nicht! Die Karte, bitte! Ich möchte etwas bestellen. Kann ich auch mit Karte (be-)zahlen?
die Kartoffel, -n	Für Pommes frites braucht man Kartoffeln.
der Käse (Sg.)	Isst du lieber Käse oder Wurst?
die Kasse, -n	Zahlen Sie bitte an der Kasse.
die Katze, -n	Meine Tochter wünscht sich eine Katze.
kaufen, kauft, hat gekauft	Tim kauft sich ein neues Auto.
das Kaufhaus, -̈er	Meine Pullover kaufe ich immer im Kaufhaus Hertie.
kein, e	Hast du keinen Hunger? Ich habe heute leider keine Zeit. Ich spreche leider kein Chinesisch. Ich habe keine Kinder.
der Keller, -	Bitte bring die Kartoffeln in den Keller! Die Waschmaschinen sind im Keller.
kennen, kennt, hat gekannt	Kennen Sie diese Frau? – Nein, leider nicht. Kennen Sie Berlin? – Ja, eine tolle Stadt.
kennenlernen, lernt kennen, hat kennengelernt	Wo habt ihr euch kennengelernt? – Wir haben uns in München kennengelernt.
die Kenntnisse (Pl.)	Deine Deutschkenntnisse sind sehr gut! Ich möchte meine Computerkenntnisse verbessern.
die Kette, -n	Meine Mutter bekommt eine schöne Kette zum Geburtstag.
das Kind, -er	Wie viele Kinder haben Sie?
der Kindergarten, -̈	Die kleine Laura geht schon in den Kindergarten.
das Kino, -s	Gehen wir heute Abend zusammen ins Kino?

der Kiosk, -e	Zeitungen kannst du am Kiosk kaufen.
die Kirche, -n	Diese Kirche ist fast 800 Jahre alt.
klappen, klappt, hat geklappt	Können wir uns heute Mittag treffen? – Ja, das klappt. Wie war die Reise? - Gut, es hat alles super geklappt.
klar	Kommst du mit? – Klar! Ich komme morgen zu deiner Party, das ist doch klar.
das Klavier, -e	Jakob kann sehr gut Klavier spielen.
das Kleid, -er	Julia möchte ein rotes Kleid kaufen.
die Kleidung (Sg.)	Wo finde ich Kleidung? – Hosen im ersten, Kleider und Röcke im zweiten Stock.
klein	Unsere Wohnung ist sehr klein. Unsere Tochter ist noch klein. Sie ist erst zwei Jahre alt. Wir machen am Wochenende einen kleinen Ausflug.
klug	Molly ist ein kluges Mädchen. Lisa ist sehr klug. Sie bekommt immer gute Noten. Das ist klug von dir.
kochen, kocht, hat gekocht	Herr Georgi kann gut kochen. Das Wasser kocht.
der Koffer, -	Hast du den Koffer schon gepackt?
der Kollege, -n / die Kollegin, -nen	Wie heißt die neue Kollegin?
komisch	Der Film war sehr komisch. Wir haben viel gelacht. Eine grüne Hose und gelbe Schuhe? Das sieht komisch aus. Das Essen schmeckt komisch. Probier mal!
kommen, kommt, ist gekommen	Woher kommen Sie? – Aus Frankreich. Er wird bald kommen.
können, kann, konnte, hat gekonnt	Ich kann Deutsch und Russisch. Aber Englisch kann ich nicht. Können Sie mir helfen? Du kannst durch den Park laufen, das ist am schnellsten. Kann ich jetzt nach Hause gehen? Sie können mit dem Bus an den Bahnhof fahren.
der Kontakt, -e	Ich habe wenig Kontakt zu meinen Kollegen. Bitte schicken Sie mir Ihre Kontaktdaten!
das Konto, -en	Das Geld überweisen wir am ersten März auf Ihr Konto.
kontrollieren, kontrolliert, hat kontrolliert	Können Sie bei meinem Auto bitte das Öl kontrollieren? Bitte öffnen Sie Ihren Koffer, wir müssen Ihr Gepäck kontrollieren.
das Konzert, -e	Für das Konzert am Sonntag gibt es noch Karten.
der Kopf, ¨-e	Mein Kopf tut weh!
der Körper, -	Der Arzt sagt, ich muss etwas für meinen Körper tun, z. B. schwimmen oder Fahrrad fahren.
die Kosmetik (Sg.)	Kosmetik können Sie im Erdgeschoss kaufen.
kosten, kostet, hat gekostet	Wie viel kostet das Buch? – 20 Euro.
kostenlos	Diese Zeitschrift kostet nichts. Sie ist kostenlos.
krank	Ich kann heute nicht zur Arbeit kommen, ich bin krank und liege im Bett.
das Krankenhaus, ¨-er	Meine Tante ist im Krankenhaus. Er hat sich verletzt und muss ins Krankenhaus.
die Krankenkasse, -n	Bei welcher Krankenkasse sind Sie?
die Krankheit, -en	Welche Krankheit hat Herr Brandner?
der Kredit, -e	Ich brauche einen Kredit von der Bank. Bezahlen Sie mit Kreditkarte?
die Kreuzung, -en	Fahren Sie an der nächsten Kreuzung rechts.
kriegen, kriegt, hat gekriegt	Ich kriege 15 Euro pro Stunde für meinen Job. Auch wenn du schnell läufst: Ich kriege dich. Was kriegen Sie? – Ein Käsebrötchen, bitte.
der Krimi, -s	Miriam liest gern spannende Krimis. Schauen wir am Sonntag zusammen den Tatort? – Nein, ich mag keine Krimis.
die Küche, -n	Ich suche eine neue Wohnung mit drei Zimmern, Küche und Bad.
der Kuchen, -	Er ißt sonntags ein Stück Kuchen. Schokoladenkuchen schmeckt mir am besten.
kühl	Es ist kühl draußen. Zieh dir eine Jacke an.
der Kühlschrank, ¨-e	Haben wir noch Milch? – Ja, im Kühlschrank.
die Kultur, -en	Ich finde fremde Länder und Kulturen sehr interessant. Jana interessiert sich sehr für Kultur. Sie geht jede Woche ins Theater oder ins Museum.
kümmern (sich), kümmert, hat gekümmert	Sonja kann nicht arbeiten. Sie muss sich um ihre Tochter kümmern. Ich habe jetzt keine Zeit. Ich muss mich um das Essen kümmern.
der Kunde, -n / die Kundin, -nen	Einen Moment, bitte. Ich habe eine Kundin.
kündigen, kündigt, hat gekündigt	Meine Arbeit gefällt mir nicht mehr. Ich habe heute gekündigt.
die Kunst, ¨-e	Ich verstehe nichts von moderner Kunst. Kunst war mein Lieblingsfach in der Schule.
der Kurs, -e	Der Deutschkurs dauert zwei Monate.
kurz	Ricardo hat kurze Haare. Kann ich Sie kurz sprechen?

L

lachen, lacht, hat gelacht	Die Kinder lachen über den Witz. Lachen ist gesund.
der Laden, ¨-	Ich kaufe meine Kleider immer in einem kleinen Laden im Zentrum.
die Lampe, -n	Mach bitte die Lampe an. Es ist so dunkel.
das Land, ¨-er	Deutschland ist ein schönes Land. Möchten Sie lieber auf dem Land oder in der Stadt wohnen?
die Landschaft, -en	Die Landschaft ist sehr schön.

lang	Die Hose ist zu lang. Können Sie sie ändern?	der Link, -s	Ich schicke dir einen Link zu Deutschübungen.
lange	Wie lange fährt der Zug von Hamburg nach Berlin?	links	Gehen Sie die nächste Straße links.
langsam	Könnten Sie bitte etwas langsamer sprechen?	der Löffel, -	Bitte bringen Sie mir einen Löffel.
langweilig	Mir ist langweilig. Sie findet Fußball sehr langweilig.	das Lokal, -e	Gibt es hier in der Nähe ein gutes Lokal?
der/das Laptop, -s	Ich brauche einen neuen Laptop.	die Lüge, -n	Das stimmt nicht! Das ist eine Lüge!
lassen, lässt, hat gelassen	Lass mich in Ruhe! Kann ich mein Auto hier stehen lassen? Ich kann meine kleine Tochter noch nicht allein lassen.	lügen, lügt, hat gelogen	Du sollst nicht lügen. Glaub ihm nicht, er lügt.
		die Lust (Sg.)	Gehen wir heute Abend ins Kino? - Nein, ich habe keine Lust. Ich habe Lust auf Schokolade.
laufen, läuft, ist gelaufen	Ich gehe jeden Morgen laufen. Unsere Tochter ist erst ein Jahr alt, aber sie kann schon laufen. Wann läuft der Film?	lustig	Warum lacht ihr? Was ist so lustig? Ich mag lustige Filme.

M

laut	Nicht so laut! Das Baby schläft.	machen, macht, hat gemacht	Was machst du heute Abend? Ich muss jetzt das Essen machen. Das macht 5 Euro 95. Entschuldigung! - Das macht doch nichts.
leben, lebt, hat gelebt	Sie lebt bei ihrer Schwester. Ihre Großeltern leben nicht mehr.		
das Leben, -	Hier in London ist das Leben teuer.	das Mädchen, -	Familie Kurz bekommt ein Baby. – Junge oder Mädchen?
die Lebensmittel (Pl.)	Lebensmittel bekommen Sie im Supermarkt.	der Magen, ¨-	Mein Magen tut weh.
leer	Die Kanne ist fast leer. Ich mache neuen Tee.	die Mailbox, -en	Hier ist die Mailbox von Susanne König. Ich habe dir auf die Mailbox gesprochen.
legen, legt, hat gelegt	Legen Sie das Buch auf den Tisch.	mal / das Mal	Sag mal, wie gefällt dir mein neues Kleid? Das erste Mal war ich vor fünf Jahren in England. Tschüss, bis zum nächsten Mal!
leicht	Das Paket ist leicht, es wiegt nur ein Kilo. Die Aufgabe ist nicht leicht.		
leider	Leider kann ich nicht kommen. Ich muss zum Arzt.	malen, malt, hat gemalt	Mein Sohn kann gut malen.
leidtun/leid tun, tut leid, hat leidgetan	Es tut mir leid, dass ich nicht kommen kann.	man	Wie schreibt man das? Hier darf man nicht rauchen.
		manch-	Manche Nachbarn sind unfreundlich.
leihen, leiht, hat geliehen	Kannst du mir fünf Euro leihen?	manchmal	Manchmal essen wir im Restaurant. Rauchen Sie? - Manchmal.
leise	Seid leise. Die anderen schlafen schon.	der Mann, ¨-er	Mein Mann ist Polizist.
lernen, lernt, hat gelernt	Wie lange lernen Sie schon Deutsch?	männlich	Bitte wählen Sie: „weiblich" oder „männlich".
lesen, liest, hat gelesen	In der Schule lesen wir ein Buch von Goethe.	die Mannschaft, -en	Meine Lieblingsmannschaft hat 1:0 verloren.
letzt-	Morgen ist der letzte Kurstag. Was hast du letzte Woche gemacht?	der Mantel, ¨-	Es ist kalt. Zieh deinen Mantel an!
		der Markt, ¨-e	Ich gehe heute auf den Markt. Samstags ist hier Markt.
die Leute (Pl.)	Auf der Party sind viele Leute.	die Maschine, -n	Die Waschmaschine funktioniert sehr gut.
das Licht, -er	Es ist so dunkel. Mach bitte das Licht an!	das Medikament, -e	Nehmen Sie dieses Medikament dreimal pro Tag!
lieb-	Liebe Susanne, lieber Hans, Ich fahre lieber mit dem Zug als mit dem Bus. Möchtest du Pommes oder lieber eine Pizza?	das Meer, -e	Wir machen Urlaub am Meer.
		mehr	Dieses Auto kostet 1.000 Euro mehr als das andere. Mehr kann ich nicht essen! Ich möchte mehr Taschengeld.
lieben, liebt, hat geliebt	Ich liebe dich!		
Lieblings-	Meine Lieblingsfarbe ist Blau.	meinen, meint, hat gemeint	Wie meinst du das? Erklär mir das bitte genauer! Der Film ist gut. Was meinst du?
das Lied, -er	Zum Geburtstag singen wir dir ein Lied.		
liefern, liefert, hat geliefert	Wir liefern Ihnen den Schrank nach Hause.	die Meinung, -en	Meine Meinung zu dem Thema ist: … Was ist deine Meinung dazu? Ich habe meine Meinung geändert.
liegen, liegt, hat/ist gelegen	Die Zeitung liegt auf dem Tisch. Judith liegt noch im Bett. Frankfurt liegt am Main.		
		meist-	Ich bin neu hier im Haus. Die meisten Nachbarn kenne ich noch nicht.

PRÜFUNGSZIELE · TESTBESCHREIBUNG

meistens	Meistens trinke ich zum Frühstück nur einen Kaffee.	der Moment, -e	Einen Moment, bitte. Warten Sie bitte einen Moment. Ich habe im Moment sehr viel zu tun.
die Menge, -n	Wir haben noch eine Menge Zeit. Ich kenne eine Menge Leute in dieser Stadt.	morgen	Morgen beginnt die Schule erst um zehn Uhr.
der Mensch, -en	Die Menschen sind hier ein bisschen anders als im Süden.	der Motor, -en	Der Motor ist kaputt. Das Auto fährt nicht mehr.
merken, merkt, hat gemerkt	Ich kann mir keine Zahlen merken. Ich vergesse sie sofort. Merkst du, dass es wärmer wird?	der Motorroller, -	Oskar fährt mit dem Motorroller zur Arbeit.
		müde	Ich bin müde. Ich gehe schlafen.
die Messe, -n	Kommst du mit zur Buchmesse nach Frankfurt?	der Müll (Sg.)	Bringst du bitte den Müll raus? Kann ich die Zeitungen wegwerfen? - Ja, sie sind alt. Bring/Wirf sie bitte in den Müll!
das Messer, -	Das Messer schneidet nicht gut. Ich habe nur ein Messer. Kannst du mir bitte noch eine Gabel bringen?	der Mund, ¨-er	Öffnen Sie bitte den Mund. Ich möchte in Ihren Hals sehen.
die Miete, -n	Wie viel Miete bezahlst du für deine Wohnung?	das Museum, -een	Im Kunstmuseum gibt es eine neue Ausstellung.
mieten, mietet, hat gemietet	Ich möchte ein Auto mieten.	die Musik (Sg.)	Wie findest du die Musik? Spanische Musik gefällt mir gut.
die Milch (Sg.)	Die Milch steht im Kühlschrank.	müssen, muss, musste	Ich muss jeden Tag von 8 Uhr bis 18 Uhr arbeiten.
mindestens	Bitte kommen Sie mindestens zwei Stunden vor Ihrem Flug zum Flughafen. Schreiben Sie mindestens sieben Sätze! Ich warte schon mindestens 20 Minuten. Wann kommst du denn endlich?	die Mütze, -n	Haben Sie rote Mützen?
		N	
		nach	Ich gehe jetzt nach Hause. Ich fliege nach München. Es ist schon fünf nach zwölf. Wir treffen uns nach der Arbeit.
das Mineralwasser (Sg.)	Ein Glas Mineralwasser, bitte.	der Nachbar, -n, die Nachbarin, -nen	Mein Nachbar kommt aus Brasilien und meine Nachbarin ist Italienerin. Die neuen Nachbarn sind sehr nett.
mit (+ mitbringen/ -kommen/-machen/ -nehmen/-spielen)	Trinken Sie den Kaffee mit oder ohne Zucker? Fahren wir mit dem Auto oder mit dem Zug nach Hamburg? Ich komme mit meinem Freund. Ich gehe einkaufen. Soll ich dir was mitbringen? Ich gehe ins Kino. Kommst du mit? Wir organisieren ein Fest. Möchtest du auch mitmachen? Wir fahren am Wochenende in die Berge. Ich muss mein Zelt mitnehmen. Warum spielt ihr nicht mit?	die Nachricht, -en	Ich sehe abends immer die Nachrichten im Fernsehen. Kommst du mit ins Kino? - Ich weiß es noch nicht. Ich schreibe dir später eine Nachricht. Sie haben keine neuen Nachrichten.
		nächste, -er, -es	Sehen wir uns nächste Woche? Ihr nächster Termin ist in einem Monat. Bis nächstes Mal!
		die Nähe (Sg.)	Die Post ist in der Nähe vom Bahnhof.
		der Name, -n	Wie ist Ihr Name? Mein Name ist Thomas Schmidt. Mein Vorname ist Thomas; Schmidt ist der Familienname.
der Mitarbeiter, -	Unsere Firma hat sieben Mitarbeiter.		
das Mittagessen, -	Um zwölf Uhr gibt es Mittagessen.		
die Mitte, -n	Den Schrank stellen wir an die Wand, den Tisch in die Mitte. Ich habe bis Mitte August frei.	nass	Geh nicht mit den nassen Schuhen ins Wohnzimmer! Du bist ja ganz nass. Hast du den Regenschirm vergessen?
das Mittel, -	Haben Sie ein Mittel gegen Magenschmerzen? Das neue Waschmittel ist sehr gut.	die Natur (Sg.)	Ich bin gern draußen in der Natur.
die Möbel (Pl.)	Eure Möbel sind sehr schön.	natürlich	Natürlich helfen wir dir. Kommst du zu meiner Party? – Natürlich.
das Mobiltelefon, -e	Wie kann ich Sie erreichen? Haben Sie ein Mobiltelefon?	neben	Neben mir ist noch ein Platz frei. Die Apotheke ist neben der Post.
möchten, möchte, mochte, hat gemocht	Was möchten Sie trinken?	nebenan	Das ist José. Er wohnt nebenan.
die Mode, -n	Wie findest du die neue Mode?	neblig	Fahr vorsichtig! Es ist neblig.
modern	Das Stadtzentrum von Frankfurt ist sehr modern.	nehmen, nimmt,	Nehmen Sie die Tabletten vor dem Essen!
mögen, mag, mochte, hat gemocht	Magst du Schokolade? - Nein, ich mag keine Süßigkeiten.		
möglich	Kann ich bitte sofort einen Termin haben? - Das ist leider nicht möglich.		

SPRACHLICHE MITTEL 99

GOETHE-ZERTIFIKAT A2

hat genommen	Was möchten Sie? – Ich nehme einen Salat. Ich nehme den Bus.	offen	Ist das Fenster im Bad noch offen? Ich glaube, der Supermarkt ist jetzt noch offen.
nein	Möchten Sie ein Stück Kuchen? – Nein, danke. Fährst du auch nach München? – Nein, ich habe keine Zeit.	öffnen, öffnet, hat geöffnet	Ich öffne die Tür. Der Laden ist samstags bis 16.00 Uhr geöffnet.
nennen, nennt, hat genannt	Mein Freund heißt Alexander, aber alle nennen ihn Alex.	oft	Ich gehe nicht oft ins Kino.
nervös	Bei Prüfungen bin ich immer sehr nervös.	ohne	Bitte einen Kaffee ohne Milch und Zucker. Schaffst du das auch ohne mich oder soll ich dir helfen?
nett	Ich habe viele nette Kollegen. Vielen Dank! Das ist sehr nett von dir.	das Ohr, -en	Ich habe Ohrenschmerzen.
neu	Ich bin der neue Mitarbeiter. Wir haben eine neue Wohnung. Zeig mal! Ist das dein neues Handy?	das Öl, -e	Machen wir den Salat mit Öl? Können Sie bei meinem Auto bitte das Öl kontrollieren?
nicht	Das stimmt nicht. Ich kann morgen leider nicht kommen. Lisa wohnt nicht in Hamburg, sie wohnt in Bremen.	online	Wann bist du wieder online? Ich habe hier kein Internet. Ich bin erst heute Abend wieder online. Sie können das Geld auch online überweisen.
nichts	Das macht nichts. Hier kaufe ich nichts. Der Laden gefällt mir nicht.	die Orange, -n	Ich esse gern Orangen.
nie	Er kommt nie pünktlich.	die Ordnung, -en	Er hat seine Hausaufgabe gut gemacht. Das ist alles in Ordnung. Ich mache gleich Ordnung in meinem Zimmer.
niemand	Hier ist niemand. Hier ist der Anrufbeantworter von Familie Klein. Leider ist im Moment niemand zu Hause.	organisieren, organisiert, hat organisiert	Frau Gomez organisiert unseren Ausflug. Hast du schon alles für deinen Urlaub organisiert?
nirgends	Hier kann man nirgends parken. Wo ist Stefan? Ich kann ihn nirgends sehen.	der Ort, -e	Vergessen Sie Ort und Datum nicht, wenn Sie einen Brief schreiben. Der Ort liegt in den Bergen. Wohnort: Köln.
noch	Vielleicht kommt er noch. Es dauert noch ein paar Minuten. Ich habe noch 20 Euro.		
normal	Das ist doch ganz normal.	**P**	
die Note, -n	Eva hat immer sehr gute Noten in Deutsch.	das Paar, -e	Romeo und Julia sind ein Paar. Ich brauche ein Paar Schuhe.
notieren, notiert, hat notiert	Notieren Sie bitte alle wichtigen Informationen.	ein paar	Wir fahren ein paar Tage ans Meer. Hast du ein paar Minuten Zeit?
die Notiz, -en	Schreib mir bitte eine Notiz. Haben Sie einen Notizzettel für mich?	packen, packt, hat gepackt	Ich muss noch meinen Koffer packen.
notwendig	Muss ich noch einmal kommen? – Nein, das ist nicht notwendig.	das Paket, -e	Bringst du bitte das Paket zur Post?
die Nudel, -n	Möchten Sie lieber Reis oder Nudeln? – Lieber Nudeln, bitte.	das Papier, -e	Hier sind Papier und Bleistift.
die Nummer, -n	Sie haben Zimmer Nummer zwölf. Welche Hausnummer haben Sie? Können Sie mir bitte Ihre Nummer geben? Haben Sie die Bluse auch eine Nummer kleiner?	die Papiere (Pl.)	Haben Sie Ihre Papiere dabei?
		das Parfüm, -s	Ich suche ein Parfum als Geschenk für meine Frau.
		der Park, -s	Ich gehe gern im Park spazieren.
nur	Ich möchte nur ein Glas Wasser. Das T-Shirt kostet nur fünf Euro.	parken, parkt, hat geparkt	Darf ich hier parken? Hier ist Parken verboten.
nützlich	Danke für den Tipp. Er war sehr nützlich.	der Partner, - die Partnerin, -nen	Veronika ist meine Partnerin.
O		die Party, -s	Heute Abend machen wir eine Party.
oben	Ich wohne oben im 4. Stock.	der Pass, ¨-e	Am Flughafen brauchst du deinen Pass.
das Obst (Sg.)	Obst kaufe ich immer auf dem Markt. Heute kaufe ich Äpfel und Orangen.	passen, passt, hat gepasst	Die Bluse passt mir nicht. Welches Wort passt? Wählen Sie.
oder	Wann können Sie kommen – heute oder morgen? Entweder fahren wir mit dem Bus oder wir gehen zu Fuß.	passieren, passiert, ist passiert	Wie ist der Unfall passiert? Was ist passiert?

das Passwort, ¨-er	Bitte schreiben Sie Ihr Passwort. Sie brauchen ein Passwort. Ich habe mein Passwort vergessen.		das Projekt, -e	Wir machen ein Projekt über Sehenswürdigkeiten in unserer Stadt.
die Pause, -n	Von 12.00 bis 12.30 Uhr haben wir Mittagspause.		der Prospekt, -e	Bitte schicken Sie mir einen Prospekt von Ihrem Hotel.
die Person, -en	Eintritt pro Person: 5 Euro.		prüfen, prüft, hat geprüft	Bitte prüfen Sie die Rechnung sofort.
das Pferd, -e	Amira liebt Pferde. Sie reitet seit zehn Jahren.		die Prüfung, -en	Ich habe die Prüfung bestanden.
die Pflanze, -n	Können Sie sich bitte um unsere Pflanzen kümmern? Wir sind nächste Woche im Urlaub.		der Pullover, -	Ich muss mir einen Pullover kaufen.
die Pizza, -s/-en	Mein Lieblingsessen ist Pizza. Eine Pizza mit viel Käse, bitte.		pünktlich	Der Bus fährt pünktlich um acht Uhr. Herr Müller ist immer pünktlich.
das Plakat, -e	Wir machen im Unterricht ein Plakat zum Thema „Essen und Trinken".		putzen, putzt, hat geputzt	Ich muss heute noch das Bad putzen.
der Plan, ¨-e	Ich kaufe mir einen Stadtplan.		**Q**	
planen, plant, hat geplant	Wir sollen zusammen eine Klassenparty planen. Morgen schwimmen ... ist ein guter Plan.		ie Qualität, -en	Dieser Fernseher hat eine gute Qualität. Ich finde die Qualität wichtiger als den Preis.
der Platz, ¨-e	Hier ist noch ein Platz frei. Bitte nehmen Sie Platz! Ich wohne am Messeplatz 5. Ich finde keinen Parkplatz.		das Quiz (Sg.)	Er schaut gern Quizsendungen an. Sie hat beim Quiz gewonnen.
plötzlich	Plötzlich war das Licht aus.		**R**	
die Polizei (Sg.)	Rufen Sie die Polizei!		das Radio, -s	Ich höre im Auto gern Radio.
die Pommes frites (Pl.)	Die Kinder essen Bratwurst mit Pommes frites.		raten, rät, hat geraten	Ich weiß nicht, welches Handy ich kaufen soll. Was raten Sie mir? Rate mal, wen ich heute gesehen habe! Deinen Lehrer.
die Portion, -en	Ich nehme eine kleine Portion Eis.		das Rathaus, ¨-er	Das Formular bekommen Sie im Rathaus. Sie müssen sich im Rathaus anmelden.
die Post (Sg.)	Entschuldigung, wo ist die Post? Ist Post für mich da?		das Rätsel, -	Das Rätsel ist schwierig! Ich weiß die Antwort nicht.
das Poster, -	Das Poster hängt über dem Bett.		rauchen, raucht, hat geraucht	Stört es Sie, wenn ich rauche? Rauchen ist hier verboten!
die Postkarte, -n	Schreibst du mir eine Postkarte aus Kanada?		der Raum, ¨-e	Der Unterricht findet heute in Raum 332 statt.
die Postleitzahl, -en	Wie ist Ihre Postleitzahl?		rechnen, rechnet, hat gerechnet	Sarah kann gut rechnen.
das Praktikum, -a	Ich mache ein Praktikum bei Siemens.		die Rechnung, -en	Schicken Sie die Rechnung an mich. Bitte, die Rechnung!
praktisch	Mit meinem neuen Handy kann ich auch im Internet surfen und Fotos machen. Das finde ich sehr praktisch.		recht haben, hat recht, hatte recht, hat recht gehabt	Du hast (nicht) recht.
die Praxis, -en	Unsere Praxis ist ab acht Uhr geöffnet. Frau Doktor Weiß hat ab neun Uhr Sprechstunde.		rechts	Der Bahnhof ist hier rechts.
der Preis, -e	Die Preise sind hier viel höher als bei uns.		reden, redet, hat geredet	Mit meiner Freundin kann ich über alles reden. Rede nicht so viel!
preiswert	Die Jacke ist sehr preiswert. Sie kostet nur 15 Euro.		der Regen (Sg.)	Bei Regen gehe ich nicht aus dem Haus.
privat	Das ist meine Nummer im Büro und das ist meine private Handynummer. Dieser Strand ist privat. Wir dürfen hier nicht schwimmen gehen. Hey, du darfst die Mail nicht lesen! Sie ist privat.		regnen, regnet, hat geregnet	Wenn es regnet, bleiben wir zu Hause.
pro	Das Zimmer kostet 100 Euro pro Nacht.		reich	Lotte ist reich. Sie hat sehr viel Geld.
probieren, probiert, hat probiert	Möchten Sie den Käse probieren? Die Tür geht schwer auf. Probier mal!		der Reifen, -	Ich brauche neue Reifen für mein Auto.
das Problem, -e	Ich habe ein Problem. Können Sie mir bitte helfen?		die Reihe, -n	Ich habe Karten für das Konzert. Wir sitzen in der dritten Reihe. Wer ist jetzt an der Reihe?
das Produkt, -e	Unsere Produkte haben eine sehr hohe Qualität.		die Reinigung, -en	Bringst du bitte die Bluse in die Reinigung? Man darf sie nicht in der Waschmaschine waschen.
das Programm, -e	Dieses Programm im Radio interessiert mich nicht. Was kommt heute im Kino? Hast du das Programm hier?			

der Reis (Sg.)	Ich esse gern Reis mit Gemüse und Fisch.	rund	Unser Wohnzimmertisch ist rund.
die Reise, -n	Wir machen eine Reise nach Österreich.		Bis Berlin sind es noch rund 80 Kilometer.
	Ich mache nächste Woche eine Geschäftsreise.	der Rundgang, ¨-e	Der Rundgang durch das Schloss beginnt in wenigen Minuten.
das Reisebüro, -s	Wir organisieren eine Rundreise durch Deutschland.		
	Wir buchen die Reise im Reisebüro.	**S**	
der Reiseführer, -	Ich kaufe mir einen Reiseführer von Berlin.	die Sache, -n	Ihr könnt eure Sachen im Hotel lassen.
	Unser Reiseführer heißt Robert und ist sehr sympathisch.		Nimm deine Sachen und komm!
			Das ist meine Sache.
reisen, reist, ist gereist	Ich reise gern.	der Saft, ¨-e	Möchtest du einen Apfelsaft?
reiten, reitet, ist geritten	Möchtest du reiten lernen?	sagen, sagt, hat gesagt	Entschuldigung, was haben Sie gesagt?
			Wie sagt man „sorry" auf Deutsch?
renovieren, renoviert, hat renoviert	Wir renovieren das ganze Haus.		Sag mal, wie geht es dir denn?
		der Salat, -e	Wie schmeckt dir der Salat?
			Möchten Sie zum Fisch einen Salat?
de Rentner, - / die Rentnerin, -nen	Mein Onkel arbeitet nicht mehr. Er ist Rentner.	das Salz, -e	Entschuldigung, kann ich bitte Salz haben?
		sammeln, sammelt, hat gesammelt	Peter sammelt Briefmarken.
die Reparatur, -en	Die Reparatur ist sehr teuer.		Im Herbst sammeln wir im Wald bunte Blätter.
reparieren, repariert, hat repariert	Er muss den Motor reparieren.		
		der Satz, ¨-e	Den letzten Satz verstehe ich nicht.
reservieren, reserviert, reservierte, hat reserviert	Reservieren Sie bitte ein Doppelzimmer.	sauber	Bringen Sie mir bitte ein sauberes Glas!
	Ich möchte gern einen Tisch für fünf Personen reservieren.	sauer	Zitronen sind mir zu sauer.
			Was ist los? – Ich bin sauer. Ich muss am Wochenende zu Hause bleiben und darf nicht mit meinen Freunden ins Kino gehen.
der Rest, -e	Hier sind 50 Euro. Den Rest gebe ich dir später.		
	Es ist noch ein Rest Suppe da. Möchtest du noch?	schade	Schade, dass du nicht kommen kannst.
das Restaurant, -s	Wir essen heute in einem Restaurant.	schädlich	Rauchen ist schädlich für die Gesundheit.
das Rezept, -e	Dieser Kuchen schmeckt super! Kannst du mir bitte das Rezept geben?	schaffen, schafft, hat geschafft	Kannst du mir bitte helfen? Ich schaffe das nicht alleine.
	Dieses Medikament gibt es nur auf Rezept.		Geschafft! Das Projekt ist endlich fertig.
die Rezeption, en	Geben Sie bitte den Schlüssel an der Rezeption ab.	der Schalter, -	Gehen Sie bitte zum Schalter drei!
richtig	Habe ich das richtig verstanden?		Der Lichtschalter ist neben der Tür.
	Das ist richtig.	scharf	Die Suppe ist mir zu scharf.
riechen, riecht, hat gerochen	Diese Blumen riechen gut.		Pass auf! Das Messer ist sehr scharf.
	Hier riecht es nach Fisch.	scheinen, scheint, hat geschienen	Die Sonne scheint.
das Rind	Ich esse nur Fleisch vom Rind.		
der Ring, -e	Ich habe meinen Ring verloren.	schenken, schenkt, hat geschenkt	Was schenken wir Michael zum Geburtstag?
der Rock, ¨-e	Der Rock ist zu eng.		
romantisch	Dieser Film ist sehr romantisch.	die Schere, -n	Die Schere schneidet nicht gut. Hast du eine andere?
	Meine Freundin ist total romantisch.		
die Rose, -n	Er schenkt seiner Freundin rote Rosen zum Geburtstag.	schicken, schickt, hat geschickt	Bitte schicken Sie mir eine E-Mail.
			Ich schicke dir den Brief nach Hause.
der Rücken, -	Mein Rücken tut mir weh.	das Schiff, -e	Wir fahren mit dem Schiff von Basel nach Köln.
der Rucksack, ¨-e	Ich nehme lieber einen Rucksack als einen Koffer mit.	das Schild, -er	Haben Sie das Schild nicht gesehen?
		schimpfen, schimpft, hat geschimpft	Warum schimpfst du denn so laut? – Ich ärgere mich über mein Auto.
rufen, ruft, hat gerufen	Rufst du bitte die Kinder. Das Essen ist fertig.		
	Wir müssen einen Arzt rufen.		Alle schimpfen über/auf das Wetter.
die Ruhe (Sg.)	Ruhe, bitte! Hier in der Bibliothek darf man nicht laut sprechen.	der Schirm	Nimm den Schirm mit, es regnet.
	Meine Großmutter ist krank. Sie braucht viel Ruhe.	schlafen, schläft, hat geschlafen	Ich schlafe meistens acht Stunden.
			Haben Sie gut geschlafen?
ruhig	Ich möchte ein ruhiges Zimmer.		Gute Nacht! Schlaf gut und träum süß!

das Schlafzimmer, -	Hier ist das Schlafzimmer.	der Schüler, - / die Schülerin, -nen	In meinem Kurs sind acht Schülerinnen und fünf Schüler.
schlecht	Das Wetter ist schlecht. Wir haben schon seit einer Woche schlechtes Wetter. Mir ist schlecht! Mir geht es schlecht. Ich habe Fieber.	schwach	Er ist krank und schwach. Ich fühle mich sehr schwach. Die Tabletten sind zu schwach. Sie helfen nicht.
schließen, schließt, hat geschlossen	Bitte schließen Sie die Tür. Wir müssen uns beeilen, die Bank schließt um 18 Uhr.	schwanger	Lena ist schwanger. Sie bekommt im Juli ein Kind.
		das Schwein, -e	Ich esse kein Schweinefleisch.
schlimm	Kein Problem, das ist nicht so schlimm.	schwer	Wie schwer ist das Paket? Das ist eine schwere Arbeit.
das Schloss, ¨-er	Am Wochenende besichtigen wir Schloss Neuschwanstein. An unserer Tür ist das Schloss kaputt.	schwierig	Die Prüfung war nicht schwierig.
		das Schwimmbad, ¨-er	Kommst du mit ins Schwimmbad?
der Schluss, ¨-e	Zum Schluss nochmals herzlichen Dank. Ich muss jetzt Schluss machen. Bis bald!	schwimmen, schwimmt, ist geschwommen	Ich schwimme täglich einen Kilometer.
der Schlüssel, -	Ich gebe Ihnen noch den Zimmerschlüssel. Ich finde meinen Schlüssel nicht.	der See, -n	Morgen fahren wir mal an einen See schwimmen. Komm, wir fahren an den Bodensee.
schmecken, schmeckt, hat geschmeckt	Schmeckt dir die Suppe? Hat es Ihnen geschmeckt? Schmeckt's?	die See (Sg)	Die See ist heute ruhig. Wir machen Urlaub an der Nordsee.
der Schmerz, -en	Haben Sie Schmerzen? Ich habe Bauchschmerzen.	sehen, sieht, hat gesehen	Ich kann dich nicht sehen. Möchtest du einen Film sehen? Ich habe Lisa lange nicht gesehen. Ist sie im Urlaub? Darf ich mal Ihren Ausweis sehen?
schmutzig	Das Handtuch ist schmutzig.		
der Schnee (Sg.)	In den Bergen liegt viel Schnee.	die Sehenswürdigkeit, -en	Welche Sehenswürdigkeiten gibt es in Frankfurt?
schneiden (sich), schneidet, hat geschnitten	Das Messer schneidet nicht gut. Wer schneidet dir die Haare? Aua! Ich habe mich geschnitten!	sehr	Danke sehr! Das Wetter ist heute sehr schön.
		die Seife, -n	Hier gibt es keine Seife.
schneien, schneit, hat geschneit	Morgen schneit es.	sein, ist, war, ist gewesen	Das sind meine Kollegen. Ich bin Mechaniker. Die Cola ist kalt. Mir ist kalt. Ich bin dreiundzwanzig. Um halb elf ist Pause. Frau Berger ist im Urlaub.
schnell	Warum fährst du so schnell?		
die Schokolade (Sg.)	Julia liebt Schokolade.		
schon	Ist das Essen schon fertig? Ich wohne schon seit fünf Jahren in Freiburg.		
schön	Schöne Ferien! Das Bild ist sehr schön. Schön, dass du kommst.	an sein / aus sein	Das Licht ist noch an/schon aus.
		auf sein	Das Fenster ist noch auf.
der Schrank, ¨-e	Die Gläser stehen im Schrank. Legst du bitte die Handtücher in den Schrank?	weg sein	Herr Meier ist schon weg.
		zu sein	Die Tür ist zu.
schrecklich	Ich finde ihren Rock schrecklich. Er sieht furchtbar aus! Ich finde den Film schrecklick. Er macht mir Angst.	seit	Ich wohne seit drei Jahren in Köln.
		die Seite, -n	Öffnen Sie das Kursbuch auf Seite 20. Das ist die Bachstraße. Mein Haus ist auf der linken Seite.
schreiben, schreibt, hat geschrieben	Ich schreibe dir eine E-Mail.		
		selbst	Du musst mir nicht helfen, ich mache das selbst.
schriftlich	Sie müssen sich schriftlich anmelden. Die schriftliche Prüfung dauert 70 Minuten.	die Sendung, -en	Welche Sendungen schaust du gern an? – Ich mag Sportsendungen. Diese Sendung ist nicht für Jugendliche unter 18 Jahren.
der Schuh, -e	Zieh die Schuhe aus! Die neuen Schuhe sind mir zu eng. Sie drücken.		
die Schule, -n	Meine Tochter geht schon in die Schule. Die Schule ist gleich hier um die Ecke.	der Service (Sg.)	Ich bin mit dem Service in der Werkstatt sehr zufrieden. Rufst du beim Pizza-Service an?
		setzen (sich), setzt, hat gesetzt	Setz dich doch!

sicher	Dieses Auto ist besonders sicher. Ich bin ganz sicher, dass er kommt. Er ist sicher gleich da.	spielen, spielt, hat gespielt	Die Kinder spielen draußen. Spielen Sie Karten? Jakob spielt Klavier.
singen, singt, hat gesungen	Er singt gern.	der Sport (Sg.)	Ich mache viel Sport.
		sportlich	Tom ist sehr sportlich.
die Situation, -en	Ich bin in einer schwierigen Situation. Ich weiß nicht, was ich tun soll. Lesen Sie die Anzeigen und die Aufgaben 11-15. Welche Anzeige passt zu welcher Situation?	der Sportplatz, ¨-e	Das Fußballtraining ist um 17 Uhr auf dem Sportplatz.
		die Sprache, -n	Welche Sprachen sprichst du? – Ich spreche Englisch und Spanisch.
sitzen, sitzt, hat/ist gesessen	Wo möchten Sie sitzen? – Bitte ganz hinten.	sprechen, spricht, hat gesprochen	Kann ich (mit) Herrn Klein sprechen?
der Ski, -, -er	Gehen wir am Wochenende Ski fahren? Er kauft sich neue Ski.	die Sprechstunde, -n	Frau Doktor Weiß hat von 9:00 bis 12:30 Uhr Sprechstunde.
so	Sie müssen das so machen! Fahren Sie bitte nicht so schnell! Meine Frau ist so groß wie ich. So, das war's/wär's!	die Stadt, ¨-e	Heidelberg ist eine alte Stadt.
		der Stadtplan, ¨-e	Haben Sie einen Stadtplan von Salzburg?
		der Star, -s	Diese Sängerin ist ein Star in Deutschland.
das Sofa, -s	Das Sofa ist bequem.	stark	Ich habe starke Kopfschmerzen. Es regnet stark. Der Kaffee ist sehr stark.
sofort	Bitte antworten Sie sofort. Sie können sich ab sofort für den Kurs anmelden.		
sogar	Heute ist es sehr kalt. In den Bergen schneit es sogar. Zu meiner Hochzeit kommen viele Gäste. Sogar meine Tante aus Kanada kommt.	stattfinden, findet statt, hat stattgefunden	Das Spiel findet auch bei Regen statt.
		stehen, steht, hat/ist gestanden	Der Bus steht schon an der Haltestelle. Ich bin Verkäuferin. In meinem Beruf muss ich viel stehen. Was steht heute in der Zeitung?
sollen, soll, sollte	Wann soll ich kommen und was soll ich mitbringen? Und, was hat der Arzt gesagt? – Ich soll drei Tage im Bett bleiben und viel Tee trinken.		
		die Stelle, -n	Ich habe eine neue Stelle. Ich arbeite jetzt bei Mercedes. Wir treffen uns hier an dieser Stelle.
die Sonne, -n	Die Sonne scheint.		
sonnig	Morgen ist das Wetter wieder warm und sonnig.	stellen, stellt, hat gestellt	Stell die Milch bitte in den Kühlschrank!
sonst	Haben Sie sonst noch einen Wunsch? – Nein danke, das ist alles. Beeil dich, sonst kommen wir zu spät!	sterben, stirbt, ist gestorben	Herr Müller kommt heute nicht. Sein Vater ist gestern gestorben.
spannend	Ich finde den Film sehr spannend.	der Stiefel, -	Wie viel kosten die roten Stiefel?
sparen, spart, hat gespart	Ein neues Auto ist sehr teuer. Ich muss sparen.	der Stift, -e	Kannst du mir bitte einen Stift geben? - Was brauchst du? Einen Farbstift oder einen Bleistift oder einen Kugelschreiber?
der Spaß (Sg.)	Meine Arbeit macht mir Spaß. Ich will nicht aufräumen. Das macht mir keinen Spaß. Viel Spaß!	das Stipendium, -en	Wenn ich ein gutes Zeugnis habe, bekomme ich ein Stipendium.
spät	Es ist schon spät, ich muss gehen.	der Stock, ¨-e; das Stockwerk, -e	Unsere Wohnung liegt im ersten Stock. Das Gebäude hat zwanzig Stockwerke.
später	Das können wir später machen.		
spazieren gehen, geht spazieren, ist spazieren gegangen	Wir gehen sonntags immer spazieren.	stören, stört, hat gestört	Störe ich? Darf ich Sie kurz stören? Mach die Musik leiser! Sie stört mich.
der Spaziergang, ¨-e	Abends mache ich immer einen Spaziergang.	der Strand, ¨-e	Im Urlaub bin ich am liebsten am Strand.
		die Straße, -n	In welcher Straße wohnen Sie?
speichern, speichert, hat gespeichert	Sie müssen die Datei speichern.	die Straßenbahn, -en	Fahren wir mit der Straßenbahn oder mit der U-Bahn?
die Speisekarte, -n	Entschuldigung, bringen Sie uns bitte die Speisekarte.	streiten (sich), streitet, hat gestritten	Die Kinder streiten (sich) oft.
das Spiel, -e	Welche Kartenspiele kennen Sie? Monopoly ist ein sehr bekanntes Spiel.		

streng	Der Lehrer von meiner Tochter ist sehr streng.	hat geteilt	Mein Mann und ich teilen uns die Arbeit.
der Stress (Sg.)	Ich habe bei der Arbeit viel Stress.	teilnehmen, nimmt teil, hat teilgenommen	Ich möchte an dem Tanzkurs teilnehmen.
stressig	Meine Arbeit ist stressig.		
das Stück, -e	Möchten Sie noch ein Stück Kuchen? Im Theater spielen sie heute das Stück „Romeo und Julia".	das Telefon, -e	Darf ich bitte Ihr Telefon benutzen?
		telefonieren, telefoniert, hat telefoniert	Ich muss kurz telefonieren.
der Student, -en, die Studentin, -nen	Ich bin Studentin.		
studieren, studiert, hat studiert	Ich studiere in Mainz.	der Teller, -	Stell die Teller bitte auf den Tisch! Möchtest du noch einen Teller Suppe?
		das Tennis (Sg.)	Steffi spielt sehr gut Tennis.
das Studium (Sg.)	Das Studium dauert drei Jahre.	der Termin, -e	Am besten machen wir sofort einen Termin. Ich habe heute einen Termin bei meiner Zahnärztin.
der Stuhl, ¨-e	Ist der Stuhl frei?		
suchen, sucht, hat gesucht	Suchst du etwas? Ich suche meine Brille. Wir suchen eine größere Wohnung.	teuer	Das ist mir zu teuer.
		der Text, -e	Lesen Sie bitte den Text.
		das Theater, -	Ich gehe nicht gern ins Theater.
super	Der Film ist super. Er kann super tanzen.	das Thema, -en	Heute heißt unser Thema: „Essen und Trinken".
		das Ticket, -s	Wie viel kostet das Ticket?
der Supermarkt, ¨-e	Ich kaufe oft im Supermarkt ein.	tief	Vorsicht, das Wasser ist tief!
die Suppe, -n	Schmeckt dir die Suppe?	das Tier, -e	Wir dürfen keine Tiere in der Wohnung haben. Meine Lieblingstiere sind Katzen.
surfen, surft, hat/ist gesurft	Ich möchte gern surfen lernen. Surfst du oft im Internet?		
		der Tipp, -s	Kannst du mir einen guten Tipp geben?
süß	Ich finde die Torte zu süß. Ist das deine Tochter? Die ist ja süß!	der Tisch, -e	Das Essen steht schon auf dem Tisch.
		der Titel, -	Wie heißt der Film? - Ich weiß den Titel nicht mehr.
die Süßigkeiten (Pl.)	Welche Süßigkeiten isst du am liebsten? - Schokolade und Eis.	die Toilette, -n	Wo ist die Toilette, bitte?
		toll	Der Urlaub war toll.
sympathisch	Der neue Chef ist sehr sympathisch.	die Tomate, -n	Die Tomate ist noch grün.
		der Topf, ¨-e	Hast du keinen größeren Topf? Ich möchte Kartoffeln kochen.
T			
das Tablet, -s	Hast du ein Tablet? - Nein, ich habe einen Laptop und ein Handy.	die Torte, -n	Zum Geburtstag backe ich dir eine Torte.
		tot	Meine Großeltern sind schon lange tot.
die Tablette, -n	Du sollst am Abend zwei Tabletten nehmen.	total	Der Film ist total langweilig.
die Tafel, -n (z. B. Infotafel)	Der Lehrer schreibt das neue Wort an die Tafel. Am Eingang gibt es Tafeln mit Informationen. Die Infotafel ist am Eingang.	die Tour, -en	Wo kann ich eine Stadttour buchen? Wir gehen am Wochenende wandern. Ich kenne eine schöne Tour in den Bergen.
		der Tourist, -en, die Touristin, -nen	Im Sommer kommen viele Touristen in diese Stadt.
tanzen, tanzt, hat getanzt	Tanzen Sie gern?		
die Tasche, -n	Ich habe die Schlüssel in der Tasche. Ich habe nicht viel Gepäck. Nur eine Tasche.	tragen, trägt, hat getragen	Ich kann den Koffer nicht tragen, er ist zu schwer. Er trägt heute einen blauen Anzug.
das Taschengeld (Sg.)	Wie viel Taschengeld bekommen deine Kinder?	trainieren, trainiert, hat trainiert	Wir trainieren einmal pro Woche im Sportverein.
die Tasse, -n	Möchten Sie eine Tasse Kaffee?		
(aus)tauschen, tauscht (aus), hat (aus)getauscht	Können wir bitte die Plätze tauschen? Können wir unsere Adressen austauschen?	das Training, -s	Das Training ist immer dienstags. Ich gehe jede Woche zum Training.
		der Traum, ¨-e	Ich möchte eine eigene Firma, das ist mein Traum.
das Taxi, -s	Bitte rufen Sie mir ein Taxi.	träumen, träumt, hat geträumt	Ich habe schlecht geträumt. Ich träume von einem großen Haus mit Garten.
das Team, -s	Ich arbeite gern in einem Team. Welches Fußballteam findest du am besten?		
der Tee, -s	Ich trinke morgens immer Tee.	traurig	Ich bin sehr traurig. Meine Katze ist weggelaufen.
teilen, teilt,	Wollen wir die Pizza teilen?	treffen (sich),	Ich treffe in der Stadt einen Kollegen.

GOETHE-ZERTIFIKAT A2

trifft, hat getroffen	Wir treffen uns immer freitags.
die Treppe, -n	Ich nehme die Treppe, nicht den Aufzug. Wo ist die Toilette? - Die Treppe hoch und dann links.
trinken, trinkt, hat getrunken	Möchtest du etwas trinken?
trocken	Die Wäsche ist bald trocken.
tschüs	Tschüs, bis morgen!
das T-Shirt, -s	Haben Sie dieses T-Shirt auch in M?
tun, tut, hat getan	Mein Rücken tut weh. Es tut mir leid, ich kann leider nicht kommen. Was kann ich für Sie tun?
die Tür, -en	Mach bitte die Tür zu!
typisch	Diese Musik ist typisch für dieses Land. Typisch Anna, sie kommt natürlich wieder zu spät.

U

üben, übt, hat geübt	Ich lerne gerade Gitarre spielen. Ich übe jeden Tag zwei Stunden.
über	Gehen Sie lieber hier über die Straße. Über uns wohnt Familie Schneider. Sind Sie über 18?
überall	Ich habe überall gesucht, aber ich kann meine Brille nicht finden.
übermorgen	Morgen habe ich frei. Ich komme übermorgen wieder ins Büro.
übernachten, übernachtet, hat übernachtet	Du kannst bei mir übernachten.
übersetzen, übersetzt, hat übersetzt	Können Sie mir den Brief bitte übersetzen?
die Übersetzung, -en	Ich brauche eine Übersetzung von meinem Zeugnis.
überweisen, überweist, hat überwiesen	Sie können das Geld auch überweisen. Ich überweise dir das Geld.
die Uhr, -en	Es ist vier Uhr. Geht deine Uhr richtig?
um	Er kommt um sieben Uhr. Die Apotheke ist gleich um die Ecke.
umsteigen, steigt um, ist umgestiegen	Sie müssen in Mannheim umsteigen.
umziehen, zieht um, ist umgezogen	Nächsten Monat ziehen wir um.
sich umziehen, zieht sich um, zog sich um, hat sich umgezogen	Warte bitte, ich muss mich noch umziehen.
der Umzug, ¨-e	Der Umzug ist nächste Woche.
unbedingt	Ich muss unbedingt mit dir sprechen.
und	Ich habe heute und morgen frei. Ich kaufe ein und mein Mann kocht.
der Unfall, ¨-e	Ich hatte gestern einen Unfall. Wie ist der Unfall passiert?
die Universität, -en	Er studiert an der Universität Freiburg.
unten	Er wohnt ganz unten im Haus.
unter	Unter uns wohnt eine Familie mit drei Kindern.
unterhalten (sich), unterhält, hat unterhalten	Andreas und Nessrin unterhalten sich. Wir haben uns über das Fußballspiel unterhalten.
die Unterkunft, ¨-e	Ich suche noch eine Unterkunft in Basel. Kennst du ein günstiges Hotel?
unternehmen, unternimmt, hat unternommen	Wollen wir heute Abend etwas unternehmen?
der Unterricht (Sg.)	Der Unterricht dauert bis 19 Uhr.
der Unterschied, -e	Was ist der Unterschied zwischen den beiden Kursen? - Die Kurse sind gleich. Es gibt keinen Unterschied.
unterschreiben, unterschreibt, hat unterschrieben	Wo muss ich unterschreiben?
die Unterschrift, -en	Hier fehlt noch Ihre Unterschrift.
untersuchen, untersucht, hat untersucht	Der Arzt hat mich untersucht. Der Arzt muss dein Bein untersuchen.
unterwegs sein, ist unterwegs, war unterwegs, ist unterwegs gewesen	Warte bitte auf mich. Ich bin unterwegs und komme gleich.
der Urlaub, -e	Ich nehme im September Urlaub.

V

verabredet sein, ist verabredet, war verabredet, ist verabredet gewesen	Ich bin mit meiner Freundin verabredet.
die Veranstaltung, -en	Am Samstag ist unser Restaurant geschlossen. Wir haben eine Veranstaltung.
verbieten / verboten sein	Hier ist Rauchen verboten.
verdienen, verdient, hat verdient	Ich verdiene 1.500 Euro im Monat.
der Verein, -e	Er ist seit vielen Jahren im Verein. Es gibt einen neuen Sportverein in der Stadt.
vereinbaren, vereinbart, hat vereinbart	Können wir einen Termin vereinbaren?
vergessen, vergisst, hat vergessen	Ich habe meine Hausaufgaben vergessen. Vergiss deinen Arzttermin nicht!

PRÜFUNGSZIELE · TESTBESCHREIBUNG

vergleichen, vergleicht, hat verglichen	Vergleichen Sie die Angebote! Können wir die Antworten vergleichen?	der Volleyball, ¨-e	Ich spiele gern Volleyball.
verkaufen, verkauft, hat verkauft	Er verkauft sein altes Auto.	von	Das Auto von Felix ist kaputt. Er kommt gerade von Köln/von zu Hause. Die Brötchen sind leider von gestern.
der Verkehr (Sg.)	Morgens gibt es hier immer viel Verkehr.	vor	Er ist vor einer Stunde gegangen. Das Auto steht vor der Tür.
das Verkehrsmittel, -	Welche Verkehrsmittel benutzen Sie oft?	vorbei	Die Linie 8 fährt am Krankenhaus vorbei. Kommst du morgen bei mir vorbei?
verletzen (sich), verletzt, hat verletzt	Sind Sie verletzt? – Ja, am Bein. Haben Sie sich verletzt?	vorbereiten, bereitet vor, hat vorbereitet	Morgen mache ich eine Party. Ich muss noch viel dafür vorbereiten. Ich muss mich auf meine Prüfung vorbereiten.
verlieben (sich), verliebt, hat verliebt	Ich bin total verliebt.	vorgestern	Er hat mich vorgestern angerufen.
		vorher	Ich komme mit ins Café. Vorher muss ich aber noch zur Bank.
verlieren, verliert, hat verloren	Ich habe meinen Schlüssel verloren. Michael hat seine Arbeit verloren. Wir haben das Fußballspiel verloren.	vorn(e)	Bitte vorn(e) einsteigen!
		der Vorname, -n	Ich heiße Müller, mein Vorname ist Eva.
vermieten, vermietet, hat vermietet	Die Wohnung ist schon vermietet.	der Vorschlag, ¨-e (haben/machen)	Was machen wir am Wochenende? Hast du einen guten Vorschlag? – Wir können ins Kino gehen. Was schenken wir Christina zur Hochzeit? – Wir haben doch schon so viele Vorschläge gemacht.
der Vermieter, - / die Vermieterin, -nen	Unser Vermieter ist nett.	vorsichtig	Sei vorsichtig! Du musst vorsichtig fahren, es ist neblig.
verpassen, verpasst, hat verpasst	Ich habe den Zug verpasst.	vorstellen (sich), stellt vor, hat vorgestellt	Wir wollen uns kennenlernen. Können Sie sich bitte vorstellen? Darf ich Ihnen meine Frau vorstellen?
verreisen, verreist, ist verreist	Verreist ihr in den Ferien? Frau Doktor Müller ist zur Zeit verreist. Sie kommt erst nächste Woche zurück.	vorwärts	Fahren Sie bitte noch ein Stück vorwärts.
verschieben, verschiebt, hat verschoben	Leider muss ich den Termin verschieben.	**W**	
		wach	Bist du schon lange wach? Ich bin noch nicht ganz wach.
verschieden	Unsere beiden Kinder sind sehr verschieden. Ich habe diese Schuhe in verschiedenen Farben.	der Wagen, -	Wo steht Ihr Wagen? Im zweiten Wagen ist unser Zugrestaurant.
die Verspätung, -en	Unser Zug hat leider 15 Minuten Verspätung.	wählen, wählt, hat gewählt	Sie müssen erst eine Null wählen. Wählen Sie bitte ein Getränk.
verstehen, versteht, hat verstanden	Können Sie mich verstehen? Ich verstehe diese Aufgabe nicht.	wahr	Das ist (nicht) wahr!
		wahrscheinlich	Wahrscheinlich mache ich im Herbst einen Deutschkurs. Er kommt wahrscheinlich nicht.
versuchen, versucht, hat versucht	Kann ich es auch einmal versuchen? Haben Sie es schon einmal mit diesem Mittel versucht?	der Wald, ¨-er	Im Wald ist es ruhig. Ich gehe gern im Wald spazieren.
der Vertrag, ¨-e	Ich muss den Vertrag noch unterschreiben.	wandern, wandert, ist gewandert	Wir gehen oft wandern.
viel, e	Ich habe leider nicht viel Zeit. Viel Spaß! Im Winter sind viele Leute erkältet.		
		wann	Wann bist du fertig? Wann kann ich Sie anrufen?
vielleicht	Vielleicht bekomme ich diesen Job. Er besucht uns vielleicht am Wochenende. Kannst du mir vielleicht ein bisschen Geld leihen?	warm	Hier ist es sehr warm. Mittags esse ich oft ein warmes Essen. Ich brauche einen warmen Pullover.
der Vogel, ¨-	Nadine mag Vögel. Morgens singen die Vögel immer laut.	warten, wartet, hat gewartet	Können Sie ein paar Minuten warten? Auf wen warten Sie?
voll	Morgens und abends sind die Züge immer sehr voll. Die Flasche ist noch ganz voll.	warum	Warum kommt er nicht?

SPRACHLICHE MITTEL 107

was	Was ist das?
	Was möchten Sie?
die Wäsche, -n	Ich muss noch Wäsche waschen.
waschen (sich), wäscht, hat gewaschen	Wo kann ich mir die Hände waschen?
das Wasser (Sg.)	Ein Glas Wasser, bitte.
	Gibt es hier kein warmes Wasser?
die Webseite, -n	Es gibt viele Webseiten mit Grammatikübungen.
wechseln, wechselt, hat gewechselt	Wir müssen den Reifen wechseln.
	Können Sie mir zehn Dollar wechseln?
wecken, weckt, hat geweckt	Bitte wecken Sie mich morgen früh um fünf.
weg/weg- (wegbringen/ -fahren/-gehen/ -laufen/-machen/ -nehmen/-werfen)	Meine Brille ist weg. Ich finde sie nicht mehr.
	Bringst du bitte den Müll weg?
	Können Sie Ihr Auto bitte wegfahren?
	Ich gehe jetzt weg.
	Unser Hund ist weggelaufen.
	Kannst du das bitte wegmachen?
	Warum hast du dem Kind den Ball weggenommen?
	Sie können diese Papiere wegwerfen.
der Weg, -e	Das ist der kürzeste Weg.
	Können Sie mir bitte den Weg zum Flughafen beschreiben?
wegen	Wegen seiner Arbeit kann er leider nicht kommen.
	Ich rufe wegen meiner Tochter an.
wehtun, tut weh, hat wehgetan	Wo tut es weh?
	Ich will dir nicht wehtun.
weiblich	Wählen Sie bitte: „weiblich" oder „männlich".
weich	Ich möchte zum Frühstück ein weiches Ei.
	Das Bett im Hotel war zu weich.
weil	Ich kann nicht kommen, weil ich arbeiten muss.
der Wein, -e	Nein danke, ich möchte keinen Wein.
weinen, weint, hat geweint	Warum weint das Baby?
	Weine bitte nicht!
weit	Zum Bahnhof ist es nicht weit.
weiter (z. B. weiter- machen/-helfen)	Der Bus fährt nicht weiter.
	Können wir jetzt weitermachen?
	Entschuldigung, können Sie mir bitte weiterhelfen?
welcher, -e, -s	Welcher Tag ist heute?
	Welchen Kurs möchtest du machen?
	Welche Bluse nehmen Sie?
	Welches Buch suchst du?
die Welt, -en	Ich möchte gern einmal um die Welt reisen.
	Die Studenten kommen aus vielen Ländern. Sie kommen aus der ganzen Welt.
wenig, -e	Ich habe leider nur wenig verstanden.
	Er verdient wenig.
wenigstens	Ich habe keinen Hunger. - Ach, essen Sie wenigstens ein Stück Kuchen.
wenn	Wenn ich nicht arbeiten muss, komme ich.
wer (wen, wem)	Wer ist das?
werden, wird, ist geworden	Mein Sohn will Arzt werden.
	Das Wetter am Wochenende wird gut. Das haben sie im Radio gesagt.
die Werkstatt, ¨-en	Mein Auto ist kaputt. Es ist in der Werkstatt.
der Wettbewerb, -e	Mein Sohn hat bei einem Wettbewerb gewonnen.
das Wetter (Sg.)	Heute ist das Wetter gut: Es ist sonnig und warm.
	Wir hatten im Urlaub schlechtes Wetter.
wichtig	Es ist wichtig, dass Sie auch kommen.
	Morgen habe ich einen wichtigen Termin.
wie	Wie heißt du?
	Wie bitte? Können Sie das bitte wiederholen?
	Er schreibt wie ein Kind.
	Meine Frau ist so groß wie ich.
	Wie groß ist die Wohnung?
	Wie soll ich das machen?
	Wie lange bist du schon hier?
wie viel, -e	Wie viel kostet diese Hose?
	Wie viele Kinder haben Sie?
wieder	Stefan kann wieder zum Fußballtraining kommen.
	Geht es dir wieder besser?
	Du kommst schon wieder zu spät.
	Wann kommst du wieder?
wiederholen, wiederholt, hat wiederholt	Können Sie das bitte wiederholen?
das Wiederhören, -	Wir müssen jetzt Schluss machen. Also auf Wiederhören!
das Wiedersehen, -	Auf Wiedersehen!
willkommen	Herzlich willkommen in Berlin!
der Wind, -e	Der Wind ist kalt.
windig	Heute ist es sehr windig.
wirklich	Du glaubst mir nicht? Es ist aber wirklich so.
wissen, weiß, hat gewusst	Weißt du, wie der Hausmeister heißt?
	Woher wissen Sie das?
der Witz, -e	Wir haben Witze erzählt und viel gelacht.
witzig	Warum lachst du? Ich finde das nicht witzig.
wo	Wo waren Sie im Urlaub? - In Frankreich.
	Wo ist meine Uhr?
	Wo sind Sie geboren?
woher	Woher kommen Sie?
	Woher wissen Sie das?
wohin	Wohin fährt dieser Bus? - Nach Dresden.
	Wohin wollen Sie am Wochenende gehen?
wohnen, wohnt, hat gewohnt	Ich wohne in Kiel.
die Wohnung, -en	Haben Sie schon einen neue Wohnung gefunden?
	Meine Wohnung ist sehr hell.
das Wohnzimmer, -	Die Kinder sitzen im Wohnzimmer und sehen fern.

die Wolke, -n	Heute gibt es viele Wolken.		das Zimmer, -	Das Zimmer ist am größten.
wollen, will, wollte, hat gewollt (hat wollen als Modalverb)	Wollen Sie einen Kaffee trinken?			Mach im Schlafzimmer das Fenster zu! Die Wohnung hat drei Zimmer. Ich habe im Hotel ein Zimmer bestellt.
			der Zirkus, -se	Heute gehen wir mit den Kindern in den Zirkus.
der Workshop, -s	Das war ein toller Workshop. Ich habe viel gelernt. Am Freitag gibt es einen Computer-Workshop in meiner Firma.		die Zitrone, -n	Ich trinke den Tee mit Zitrone. Lucia mag Zitroneneis.
			der Zoo, -s	Am Sonntag gehen wir in den Zoo.
das Wort, ¨-er	Ich kenne das Wort nicht. Ich muss das Wort im Wörterbuch suchen.		zu	Der Bus fährt zum Bahnhof. Ich gehe zu Fuß. Ich bin zu Hause. Das Kleid ist mir zu teuer. Ich trinke zum Essen ein Bier.
wunderbar	Diese Schokolade schmeckt wunderbar. Wir hatten im Urlaub wunderbares Wetter.			
der Wunsch, ¨-e	Ich wünsche Ihnen alles Gute! Sie wünschen? – Ich möchte ein halbes Kilo Äpfel, bitte. Haben Sie noch einen Wunsch? Was ist dein größter Wunsch?		der Zucker (Sg.)	Trinken Sie den Tee mit oder ohne Zucker?
			zuerst	Zuerst müsst ihr die Hausaufgaben machen, dann könnt ihr spielen. Zuerst hat mir die Arbeit gar nicht gefallen. Jetzt geht es besser.
wünschen	Ich wünsche mir eine Kamera zum Geburtstag.		zufrieden	Ich bin mit der Wohnung zufrieden. Sie ist nicht groß, aber sie hat einen Balkon.
die Wurst, ¨-e	Eine Wurst mit Pommes, bitte.			
Z			der Zug, ¨-e	Ich fahre gern mit dem Zug.
die Zahl, -en	Können Sie die Zahl bitte wiederholen?		zuhören, hört zu, hat zugehört	Hör mir doch mal zu! Ich rede mit dir.
zahlen, zahlt, hat gezahlt	Entschuldigung, zahlen bitte!		zuletzt	Wir haben uns vor drei Jahren zuletzt gesehen. Diese Aufgabe machen wir zuletzt.
der Zahn, ¨-e	Der Zahn tut mir schon seit einer Woche weh.		zum Beispiel	Mein Freund hat viele Hobbys, zum Beispiel Kochen, Lesen und Tanzen.
zeichnen, zeichnet, hat gezeichnet	Caterina kann gut zeichnen. Sieh mal das Bild hier.		zumachen, macht zu, hat zugemacht	Machst du bitte das Fenster zu?
zeigen, zeigt, hat gezeigt	Können Sie mir bitte den Weg zum Bahnhof zeigen?		zurück	Eine Fahrkarte nach Frankfurt und zurück, bitte.
die Zeit, -en	Ich habe heute keine Zeit.		zurück- (fahren, geben, gehen, kommen, laufen)	Fahrt ihr nach der Party zurück nach Hause? Wann muss ich das Buch zurückgeben? Wir gehen wieder zurück. Wann kommst du zurück? Ich habe mein Buch vergessen. Ich laufe schnell nach Hause zurück.
die Zeitschrift, -en	Diese Zeitschrift kauft Andrea jede Woche.			
die Zeitung, -en	Ich lese manchmal Zeitung. Wo ist die Zeitung von heute?			
das Zelt, -e	Im Sommer schlafen wir manchmal im Zelt.			
das Zentrum, -en	Der Bahnhof ist im Stadtzentrum. Wohnst du im Zentrum? - Nein, ich wohne nicht direkt in der Stadt.		zusammen	Wollen wir zusammen essen gehen? Zahlen, bitte. – Zusammen oder getrennt? Das macht zusammen 10 Euro 80.
der Zettel, -	Hast du einen Zettel für mich? Ich muss etwas notieren. Schreiben Sie Ihre Telefonnummer bitte auf den Zettel.		zwischen	Heidelberg liegt zwischen Frankfurt und Stuttgart. Zwischen acht und zehn Uhr bin ich zu Hause.
das Zeugnis, -se	Morgen bekommen die Kinder ihr Zeugnis.			
(an-)/(aus)ziehen, zieht (an/aus), hat/ist (an/aus)gezogen	Ich ziehe (mir) eine Jacke an. Er hat sein T-Shirt ausgezogen und ein Hemd angezogen. Die Nachbarn sind am Wochenende ausgezogen.			
das Ziel, -e	John läuft sehr schnell. Er war als erster am Ziel. Was ist dein Ziel im Leben?			

6.6 Grammatische Strukturen

Die in dieser Liste aufgeführten grammatikalische Strukturen sollen nicht um ihrer selbst willen gelehrt und gelernt werden, sondern als notwendiges Repertoire zur Ausführung sprachlicher Handlungen.

Im Rahmen der Sprachbeherrschung auf der Niveaustufe A2 hat die Verständlichkeit einen höheren Stellenwert als die formale Korrektheit. Folglich ist beispielsweise die Verwendung von Verbformen oder das Formulieren von Fragen im produktiven Fertigkeitsbereich handlungsorientiert relevant, weniger jedoch der Aspekt der Richtigkeit morphologischer und syntaktischer Strukturen.

Die Leistungen der Prüfungsteilnehmenden im produktiven Bereich bleiben auf dieser Spracherwerbsstufe noch weit hinter denen im rezeptiven Bereich zurück. Die Inventarisierung der Grammatik bezieht sich dementsprechend in erster Linie auf die Aufgabenstellung im Bereich der rezeptiven Fertigkeiten. Lösungsrelevante Elemente in Hör- und Lesetexten sowie Formulierungen in den Aufgaben selbst dürfen die hier festgelegten Eingrenzungen nicht überschreiten.

Verb
- Tempus
- Modus
- Modalverben
- Verben mit trennbarem Präfix

Nomen
- Genus
- Numerus
- Kasus

Artikelwörter / Pronomen
- Artikel
- Pronomen

Adjektiv
- attributiv
- prädikativ
- adverbial
- Komparation
- Zahlwörter

Präposition
- temporal
- lokal
- modal

Syntax
- Verbzweitstellung
- Verbergänzung
- Satzklammer
- Negation
- Fragesatz
- Satzverbindungen

Wortbildung
- Nomen
- Adjektive

Verb

Tempus
Präsens und Perfekt aller Verben der Wortliste

Präteritum der Verben
haben	Wir **hatten** keine Lust.
sein	Wo **warst** du gestern?
kommen	Er **kam** zu spät.
sagen	Dann **sagte** sie: …

Modus
Indikativ aller Verben der Wortliste

Konjunktiv II der Verben
mögen	**Möchtest** du eine Tasse Tee?
haben	Ich **hätte** gern ein Glas Cola.
können	**Könntest** du mir bitte helfen?
werden	Ich **würde** gern ins Kino gehen.

Imperativ
du-, ihr-, Sie- Form
- **Geh** bitte nach Hause!
- **Kommt** bitte mit!
- **Geben** Sie mir das Glas bitte.

Passiv — Das Auto **wird** repariert.

Modalverben
Präsens und Präterium von
können	**Kannst** du Gitarre spielen?
	Ich **konnte** gestern nicht kommen.
wollen	Er **will** Biologie studieren.
müssen	Ihr **müsst** die Hausaufgaben machen.
möchten	Ich **möchte** mitkommen.
dürfen	**Darf** ich das mal sehen?
sollen	Was **soll** ich machen?

Verben mit trennbarem Präfix
- **Kommst** du **mit**?
- Wann **fängt** der Film **an**?
- Ich muss noch **einkaufen**.
- Mach bitte das Fenster **zu**!

Nomen

Genus
der / die / das — **der** Tisch, **die** Lampe, **das** Bett

Numerus
Singular/Plural der Nomen wie in der Wortliste
Drei Fahrkarten nach Berlin und **eine Fahrkarte** nach München, bitte.

Kasus
Nominativ,	**der** Junge
Akkusativ,	**den** Jungen
Dativ der Nomen in der Wortliste	**dem** Jungen
Genitiv	Das ist Gerda**s** Rucksack.
bei Eigennamen (Sg.)	Heute kommen Karl**s** Eltern.
Ersatzform	Die Eltern **von Karl** kommen heute.
Genitiv (remptiv)	Die Telefonnummer **des Freundes**.

Artikelwörter / Pronomen

Artikel
Definit:
der/die/das — **der** Tisch, **die** Lampe, **das** Bett, **die** Sachen

Demonstrativ:
dieser / diese / dieses / diese — **dieser** Tisch, **diese** Lampe, **dieses** Bett, **diese** Sachen

Indefinit:
ein / eine / ein — **ein** Tisch, **eine** Lampe, **ein** Bett Sachen
Nullartikel — Ich esse gern Fleisch.
interrogativ: Welch - ?
Nominativ /Akkusativ — **Welchen** Film willst du sehen?
alle — **alle** Jugendlichen

Possessiv:
mein / dein / sein / ihr / Ihr	**mein, dein, sein, ihr, Ihr** Tisch
	meine, deine, seine, ihre, Ihre Lampe
	mein, dein, sein, ihr, Ihr Bett
	meine, deine, seine, ihre, Ihre Sachen
unser/euer	**unser/euer** Lehrer
	unsere/eure Lehrerin
	unser, euer Haus

Negativ:
kein
- Er ist **kein** Lehrer.
- Sie ist **keine** Lehrerin.
- Das ist **kein** Bett.

Pronomen
Indefinit:
man	Kann **man** hier Fahrkarten kaufen?
jemand	Ist hier **jemand**?
etwas	Möchtest du **etwas** trinken?
nichts	Ich verstehe **nichts**.
mehr	Willst du noch **mehr**?
alles	Danke, das ist **alles**.
niemand	Hier ist **niemand**.
welche –	Ich habe keine Milch mehr. Hast du **welche**?

Personalpronomen

Nominativ	**Ich** gehe jetzt.
Akkusativ: *mich /*	Ich liebe **dich, ihn, sie**.
dich / ihn / sie / es	
Dativ	Ich danke **dir**.
mir / dir / ihm /	Es geht **ihm** gut.
ihr / uns/ euch	Kannst du **mir** helfen?

Reflexivpronomen: Akkusativ
mich / dich / Ich kann **mich** nicht erinnern.
sich / euch

Reziprokpronomen:
sich / uns Wir sehen **uns** morgen.

Fragepronomen: Nominativ
Wer? / Was? **Wer** ist das? **Was** ist das?
Akkusativ
Was? / Wen? **Was** möchtest du? **Wen** brauchst du?
Dativ *Wem?* **Wem** gehört die Jacke?

Adjektiv

attributiv	der **neue** Mantel/ die **neue** Jacke / das **neue** Hemd
	ein **neuer** Mantel / eine **neue** Jacke / ein **neues** Hemd
prädikativ	Das Haus ist **alt**.
adverbial	Ich tanze **gern**.

Komparation

Ausgewählte Komparative	Das Obst ist hier **billiger**.
	Meine Schwester ist **jünger** als ich.
	Er ist **größer** als ich.
gern / lieber / am liebsten	Er spielt **gern** Fussball. /
	Ich gehe **lieber** in die Disko.
viel / mehr / am meisten	Kann ich noch **mehr** Kuchen haben?
gut / besser / am besten	Dieser Pullover gefällt mir **am besten**.

Präposition

temporal	*ab*	+ Akkusativ	**ab** Februar 2004
	an	+ Dativ	**am** Morgen, **am** Dienstag
	bis	+ Akkusativ	**bis** morgen, **bis** nächsten Montag
	für	+ Akkusativ	**für** die nächsten drei Wochen
	in	+ Dativ	**im** Sommer, **in** den Ferien, **im** Mai
	nach	+ Dativ	**nach** dem Essen
	seit	+ Dativ	**seit** einer Woche
	über		**über** 20 Minuten
	um	+ Akkusativ	**um** halb sieben, **um** 18.30 Uhr
	von … an		**von** diesem Herbst **an**
	von … bis		**von** fünf **bis** sechs Uhr
	vor	+ Dativ	**vor** dem Konzert
	während	+ Genitiv	**während** des Urlaubs
	zu	+ Dativ	er kommt **zum** Frühstück

lokal	*an*	+ Dat./Akk.	Ferien **am** Meer, **an** den See fahren
	auf	+ Dativ	**auf** dem Marktplatz, **auf** dem Tisch
	aus	+ Dativ	**aus** Deutschland, **aus** der Schule
	bei	+ Dativ	**bei** Familie Bayer, **bei** Siemens
	hinter	+ Dat./Akk.	**hinter** dem Haus
	in	+ Dat./Akk.	**im** Park spielen, **in** die Stadt gehen
	gegenüber	+ Dat.	in dem Geschäft **gegenüber**
	nach	+ Dativ	**nach** Paris, **nach** Deutschland fahren
	neben	+ Dat./Akk.	in der Wohnung **neben** mir
	unter	+ Dat./Akk.	**unter** dem Tisch / den Tisch
	über	+ Dat./Akk.	**über** dem Tisch
	von	+ Dativ	**von** der Arbeit / **vom** Arzt kommen
	von … nach	+ Dat./-	von Hamburg **nach** Bremen
	vor	+ Dat./Akk.	**vor** der Schule warten / **vor** die Tür gehen
	zu	+ Dativ	**zur** Schule, **zu** meinem Freund gehen
	zwischen	+ Dat./Akk.	**zwischen** dem Bahnhof / **zwischen** die Gleise
modal	*aus*	+ Dativ	**aus** Wasser und Zucker
	für	+ Akkusativ	**für** meinen Freund, **für** dich
	mit	+ Dativ	**mit** dem Auto
	ohne	+ Akkusativ	**ohne** Hilfe, **ohne** dich

Syntax

Verbzweitstellung	Ich **fahre** morgen nach München.
	Morgen **fahre** ich nach München.

Verbergänzung

Nominativ	Er heißt **Hans Bartels**.
Akkusativ	Ich nehme **einen Teller Suppe**.
Dativ	Gib **mir** bitte das Buch.
Lokal	Wir wohnen **in der Goethestraße 17**.
Qualitativ	Der Film ist **langweilig**.

Satzklammer Der Unterricht **fängt** um 9 Uhr **an**.
Ich **will** meine Tante **besuchen**.
Ich **habe** schon **gegessen**.

Negation *nicht* Ich verstehe dich **nicht**.
kein Ich habe **keine** Ahnung.

Fragesatz
Entscheidung **Kommst** du heute?
Ergänzung **Wo** ist Peter?

Satzverbindungen
Hauptsatz + Hauptsatz:
	und	Ich möchte eine Cola **und** Brot.
	oder	Möchtest du Tee **oder** Kaffee?
	aber	Das ist schön, **aber** leider zu teuer.
	denn	Ich komme nicht mit ins Kino, **denn** ich kenne den Film schon.
	deshalb (Adverb)	
		Ich muss lernen, **deshalb** komme ich nicht mit.
	dann	Ich muss noch telefonieren, **dann** gehen wir.

Hauptsatz + Nebensatz:
	dass	Es tut mir leid, **dass** ich zu spät komme.
	Fragewort	Weißt du, **wo** Michaela wohnt?
	weil	Ich habe nicht angerufen, **weil** mein Handy kaputt ist.
	wenn	Bitte, schreib mir, **wenn** du Zeit hast.

Wortbildung

Nomen
Nominalisierung
-er	Ausländer, Italiener, Arbeiter
-ung	Wohnung
-in	Lehrerin, Ärztin

Komposita
gleiches Bestimmungswort	Reisegruppe, Reiseführer
gleiches Grundwort	hellblau, dunkelblau
	Frauenarzt, Zahnarzt
	Postkarte, Scheckkarte
	Familienfoto, Passfoto

Partizipien
Reisender

Adjektive
Vorsilbe	*un-*	unbekannt, unglücklich
Nachsilbe	*-los*	arbeitslos
	-bar	erreichbar

Literatur

ALTE (Hg.) (1994): The ALTE Code of practice. ALTE Document 3. Cambridge: University of Cambridge Local Examinations Syndicate.

Bachman, L.F. (1990): Fundamental considerations in language testing. Oxford: Oxford University Press.

Bachman, L.F. / Palmer, A.S. (1996): Language Testing in Practice. Oxford: Oxford University Press.

Bachman, L.F. / Palmer, A.S. (2010): Language Assessment Practice: Developing Language Assessments and Justifying their Use in the Real World. Oxford: Oxford University Press.

Bolton, S. / Glaboniat, M. / Lorenz, H. / Müller, M. / Perlmann-Balme, M. / Steiner, S. (2008): Mündlich: Mündliche Produktion und Interaktion Deutsch. Illustration der Niveaustufen des Gemeinsamen europäischen Referenzrahmens. Berlin: Langenscheidt.

Breton, G. / Grego Bolli, G. / Perlmann-Balme, M. (2010): All different – all equal? Towards cross-language benchmarking using samples of oral production in French, German and Italian. In: Forum Sprache 4/2010, S. 5-20.

Brown, H.D. (2000): Principles of Language Learning and Teaching. White Plains, NY: Longman.

Buck, Gary (2001): Assessing Listening. Cambridge: Cambridge University Press.

Bygate, M. (2000): Speaking. In: Byram, M. (Hg.): Routledge Encyclopedia of language teaching and learning. London: Routledge, S. 563-566.

Canale, M. (1983): From communicative competence to communicative language pedagogy. In: Richards, J. C. / Schmidt, R. W. (Hg.): Language and Communication. New York: Longman.

Canale, M. / Swain, M. (1980): Theoretical bases of communicative approaches to second language teaching and testing. In: Applied Linguistics 1, S. 1-47.

Council of Europe (Hg.) (2012): Handbuch zur Entwicklung und Durchführung von Sprachtests. Zur Verwendung mit dem GER. Erstellt von ALTE im Auftrag des Europarats, Abteilung Sprachenpolitik. Deutsche Übersetzung telc GmbH, Frankfurt.

Council of Europe (Hg.) (2009): Relating Language Examinations to the Common European Framework of Reference for Languages: learning, teaching, assessment (CEFR). A Manual. Strasbourg: Council of Europe. (Online: http://www.coe.int/t/DG4/Portfolio/documents/Manual%20Revision%20-%20proofread%20-%20FINAL.pdf)

Cushing Weigle, S. (2002): Assessing Writing. Cambridge: Cambridge University Press.

Ehlers, S. (1998): Lesetheorie und Fremdsprachliche Lesepraxis aus der Perspektive des Deutschen als Fremdsprache. Tübingen: Narr.

Europarat (Hg.) (2001): Gemeinsamer europäischer Referenzrahmen für Sprachen: lernen, lehren, beurteilen. Berlin: Langenscheidt.

European Commission (Hg.) (2012): First European Survey on Language Competence. Final Report. http://ec.europa.eu/languages/policy/strategic-framework/documents/language-survey-final-report_en.pdf.

Figueras, N. / Noijons, J. (Hg.) (2009): Linking to the CEFR levels: Research perspectives. Arnhem: Cito, EALTA.

Glaboniat, M. / Müller, M. / Rusch, P. / Schmitz, H. / Wertenschlag, L. (2005): Profile deutsch. A1 – C2 (Version 2.0). Berlin: Langenscheidt.

Glaboniat, M. / Perlmann-Balme, M. / Studer, T. (2013): Zertifikat B1. Deutschprüfung für Jugendliche und Erwachsene. Prüfungsziele Testbeschreibung. Ismaning: Hueber.

Goethe-Institut (2014): Jahrbuch 2013/2014. München.

Goethe-Institut / Österreichisches Sprachdiplom Deutsch / Schweizerische Konferenz der kantonalen Erziehungsdirektoren / Weiterbildungs-Testsysteme GmbH (2005): Zertifikat Deutsch für Jugendliche. Lernziele und Testformat. http://www.goethe.de/mmo/priv/830823-STANDARD.pdf.

Hamp-Lyons, L. / Kroll, B. (1997): TOEFL 2000 – Writing: Composition, Community, and Assessment. Princeton, NJ: Educational Testing Service.

Hasselgreen, A. / Kalėdaitė, V. / Maldonado Martin, N. / Pižorn, K. (2011): Assessment of young learner literacy linked to the Common European Framework of Reference for Languages. Strasbourg: Council of Europe Publishing.

Hayes, J.R. (1996): A new framework for understanding cognition and effect in writing. In: Levy, C.M. / Ransdell, S. (Hg.): The science of writing. Theories, methods, individual differences and applications. NJ: LEA, S. 1-27.

Hyland, K. (2002): Teaching and Researching Writing. Harlow: Longman.

Hymes, D. (1972): On Communicative Competence. In: Pride, J. B. / Holmes, J. (Hg.): Sociolinguistics. Harmondsworth: Penguin, S. 269-293.

Johnstone, B. (2002): Discourse Analysis. Malden, Oxford: Blackwell Publishers.

Jones, R.L. / Tschirner, E. (2006): A Frequency Dictionary of German – Core Vocabulary for Learners. New York: Routledge.

Joyce, Paul (2011): Componentiality in L2 listening. In: O'Sullivan, Barry (Hg.): Language testing: theories and practices. New York: Palgrave Macmillan, 71-93.

Kane, M.T. (2008): Terminology, Emphasis, and Utility in Validation. In: Educational Researcher March 37, S. 65-75.

Khalifa, H. / Weir, C. J. (2009): Examining reading. Research and practice in assessing second language reading. Studies in Language Testing 29, Cambridge: UCLES/Cambridge University.

Lenz, P. / Studer, T. (2007): Lingualevel. Instrumente zur Evaluation von Fremdsprachenkompetenzen. Bern: Schulverlag blmv.

Lenz, Peter / Studer, Thomas (2004): Sprachkompetenzen von Jugendlichen einschätzbar machen. In: Babylonia 2, S. 21-25.

Levelt, W.J.M. (1989): Speaking: from intention to articulation. Cambridge, Mass.: MIT Press.

Lutjeharms, M. (2010): Der Leseprozess in Mutter- und Fremdsprache. In: Lutjeharms, M. / Schmidt, C. (Hg.): Lesekompetenz in Erst-, Zweit- und Fremdsprache. Tübingen: Narr, S. 11 – 26.

Milanovic, M. (Hg.) (1998): Multilingual glossary of language testing terms. Cambridge: Cambridge University Press.

Nold, G. / Rossa, H. (2006): Anforderungsprofile von Aufgaben: Task-based assessment und task-based language learning. In: Hosenfeld, I / Schrader, F.-W. (Hg.): Unterricht und schulische Leistung. Grundlagen, Konsequenzen, Perspektiven. Münster: Waxmann, S. 65-86.

Perlmann-Balme, M. / Plassmann, S. / Zeidler, B. (2009): Deutsch-Test für Zuwanderer A2 – B1. Prüfungsziele. Testbeschreibung. Berlin: Cornelsen.

Perlmann-Balme, M. / Kiefer, P. (2004): Start Deutsch. Deutschprüfung für Erwachsene. Prüfungsziele. Testbeschreibung. München: Goethe-Institut.

Rodi, M. (2015a): Goethe-Zertifikat A2. Deutschprüfung für Jugendliche und Erwachsene. Trainingsmaterial für Prüfende. Schreiben. München: Goethe-Institut.

Rodi, M. (2015b): Goethe-Zertifikat A2. Deutschprüfung für Jugendliche und Erwachsene. Trainingsmaterial für Prüfende. Sprechen. München: Goethe-Institut.

Rost, M. (2002): Teaching and Researching Listening. Harlow: Pearson.

Salomo, Dorothea (2014): Deutschland, Deutschlernen und Deutschunterricht aus der Sicht von Jugendlichen und Lehrkräften in verschiedenen Ländern weltweit. Eine empirische Studie. (Hg.) München: Goethe-Institut.

Salomo, Dorothea (2014): Jugendliche lernen anders Deutsch! In: Fremdsprache Deutsch Heft 51 S. 3-9.

Schneider, G. / North, B. (2000): Fremdsprachen können – was heisst das? Skalen zur Beschreibung, Beurteilung und Selbsteinschätzung der fremdsprachlichen Kommunikationsfähigkeit. Chur/Zürich: Rüegger.

Schweizerische Konferenz der kantonalen Erziehungsdirektoren (Hg.) (1999): Europäisches Sprachenportfolio – Portfolio européen des langues – Portfolio europeo delle lingue – European Language Portfolio, Schweizer Version, Bern. (vgl.: http://www.coe.int/t/dg4/education/elp/ELP-REG/Default_EN.asp)

Scovel, T. (1998): Psycholingustics. Oxford: Oxford University Press.

Solmecke, G. (2000): Verständigungsprobleme im Englischunterricht. In: Düwell, H. Gnutzmann, C. / Königs, F.G. (Hg.): Dimensionen der didaktischen Grammatik. Bochum: AKS, S. 305-326.

Weir, C. J. (2005): Language testing and validation. An evidence-based approach. Basingstoke: Palgrave Macmillan.

Bildnachweise

Seite 5 © Goethe-Institut
Seite 14 © Association of Language Testers in Europe ALTE
Seite 20 © Goethe-Institut
Seite 24 © European Survey on Language Competence ESLC
Seite 37 © Goethe-Institut
Seite 45 © Irmtraud Guhe, München
Seite 46 © Irmtraud Guhe, München
Seite 67 © Georg Schmidbauer, München
Seite 70 © Georg Schmidbauer, München